Stéphane Gabet et Philippe Charlier

avec la collaboration de Jacques Perot

Henri IV

L'énigme du roi sans tête

Préface de Jean-Pierre Babelon, membre de l'Institut

La Librairie Vuibert

ISBN 978-2-311-01367-2

La Librairie Vuibert – 5, allée de la 2e D.-B., 75015 Paris
www.vuibert.fr
www.la-librairie-vuibert.com

Préface

La conclusion d'un roman policier

Les recherches pour permettre l'identification de la tête momifiée qui serait celle du roi Henri IV ont été poussées durant des mois, et même des années, pour parvenir à résoudre l'énigme qui nous était ainsi proposée par la tradition. Sommes-nous bien en présence de la relique du Bon Roy, adoré par la population française dès la tragique nouvelle du geste de Ravaillac ?

Tout a commencé en octobre 2008, lorsque le journaliste Stéphane Gabet est venu m'interroger à mon domicile montmartrois pour préparer une émission d'histoire de Stéphane Bern sur Henri IV ; il est revenu peu après avec le documentariste Pierre Belet pour procéder à l'enregistrement. Ouvrant mes dossiers de documentation sous ses regards inquisiteurs, je lui montre les photocopies – que m'avait communiquées antérieurement un ami de la Société du musée du Vieux Montmartre habitant mon immeuble – de l'article d'un ancien magazine illustré, *Photomonde*, datant de 1933. On y parle avec gourmandise d'un étrange photographe-collectionneur, ancien antiquaire à Dinard, du nom de Joseph Bourdais, qui présente aux visiteurs de son atelier, voisin de la place du Tertre, une tête momifiée : il l'identifie passionnément avec celle d'Henri IV, tête qu'il a achetée en 1919 à l'hôtel Drouot. C'est un chercheur déterminé, très documenté, totalement sûr de lui.

L'enquête sur la tête n'est pas close pour autant. Grâce à l'heureux rapprochement de diverses informations fournies par un échange de lettres, le possesseur actuel de la relique est identifié : M. Jacques Bellanger. Il l'a achetée en 1955 à la sœur de Bourdais et la conserve précieusement à Châteaudun, dans une armoire. Stéphane Gabet et Pierre Belet s'y précipitent, et l'aimable détenteur de la relique va la mettre à leur disposition, pour en faire entreprendre l'examen.

Après le succès de cette poursuite quasi policière, la suite tient du prodige, comme si les mânes du roi bien aimé guidaient les pas des enquêteurs, qui ont vite fait appel au plus brillant médecin légiste de France, Philippe Charlier, spécialiste de l'anthropologie funéraire, universellement connu pour ses spectaculaires identifications de restes historiques. Il entame aussitôt des examens multiples sur la tête momifiée, réalisés dans les laboratoires les plus diversifiés, et parvient graduellement à un taux très élevé de probabilité, qui permet de réaliser un film documentaire chez Galaxie Presse en novembre 2010. Nous sommes encore dans l'année anniversaire de la mort du Bon Roy.

Dans le même temps, les recherches d'archives, entreprises par Stéphane Gabet, puis par Bruno Galland, directeur scientifique des Archives nationales, qui rédige une description très documentée des différents textes conservés, puis par moi-même dans les précieux dossiers de l'Armoire en fer, se poursuivent pour préciser les circonstances dans lesquelles le corps du roi a été exhumé par les révolutionnaires de sa sépulture de l'abbaye de Saint-Denis (en octobre 1793) et pour rappeler comment il a été décrit par les témoins officiels, et examiné par la foule des curieux. La tête du roi a-t-elle été sciée en 1610 selon les coutumes funéraires d'embaumement, ou laissée intacte pour permettre un traitement interne du cerveau selon la méthode italienne, qui a pu être dictée par sa veuve Marie de Médicis ? Les témoignages contradictoires s'accumulent et l'analyse des différents procès-verbaux d'octobre 1793, réunis en 1817 sur l'ordre de Louis XVIII en vue de la réinhumation des corps de ses ancêtres, se poursuit. Or les écrits ne concordent pas. Le procès-verbal original de dom Poirier a disparu dans l'incendie des archives de Saint-Germain-des-Prés, mais ses notes ont été reprises par dom Druon, par dom Laforcade et par les commissaires Latreilhe et Kohler, qui ne parlent pas de crâne scié. Seul en parle un garde national, Claude Tinthouin, dont le texte sera repris par Alexandre Lenoir dans son *Journal* paru en 1801. Que conclure ?

Alors Philippe Charlier, aidé de ses interlocuteurs habituels, poursuit son enquête avec une magistrale obstination, et malgré les attaques des incrédules. Sans cesse il entame de nouvelles analyses dans la quasi-certitude de son identification, mais il manque toujours la preuve déterminante, celle que doit fournir la comparaison de l'ADN, reconnue longtemps impossible pour des raisons de conservation du corps.

Et soudain, voici que la fortune, qui sourit toujours aux audacieux, vient enfin répondre à ses vœux. C'est l'objet du présent ouvrage de révéler les conditions de cette définitive identification. Philippe Charlier mérite, avec Stéphane Gabet, nos plus vives félicitations.

Jean-Pierre Babelon
Membre de l'Institut

Avant-propos

Le 14 mai 1610, la journée du roi

Par Jacques Perot

Bien étrange et tragique journée que ce vendredi 14 mai 1610.

Ayant mal dormi, Henri IV se lève à six heures, selon son habitude. À cinquante-six ans et cinq mois, il s'apprête à vivre sa dernière journée. Sans doute ne le sait-il pas mais il est habité par une sorte de pressentiment qui le poursuivra tout le jour. Bien qu'il affecte d'en rire, prédictions et bruits de complot le troublent.

Il s'habille, puis demande son livre d'heures qu'il lit, allongé sur sa couche. Quelques audiences suivent : Rambures, maître de camp du régiment des gardes, le secrétaire d'État Nicolas de Neufville, seigneur de Villeroy et le comte de Barrault, ambassadeur du roi de France en Espagne. Sortant de sa chambre, le roi quitte le Louvre et va dans le jardin des Tuileries où le dauphin, futur Louis XIII, vient le saluer, ce qui réjouit son cœur de père. C'est un père attentif à ses enfants, les six légitimes que lui a donnés Marie de Médicis, mais aussi ceux qu'il a reconnus, trois issus de Gabrielle d'Estrées, deux de Catherine de Balsac d'Entragues, un fils de Jacqueline de Bueil et deux filles de Charlotte des Essarts. Le roi se rend ensuite à la chapelle du couvent des Feuillants qui se trouvait pratiquement au débouché de la rue de Castiglione d'aujourd'hui, où il assiste à la messe. Revenant vers le palais, il est rejoint par Charles, quatrième duc de Guise, celui qui, en 1594, s'était rallié au roi pour la somme énorme de 3 888 830 livres (près de 50 millions d'euros d'aujourd'hui) et François de Bassompierre, son fidèle compagnon de jeux et confident. C'est alors qu'après une ou deux boutades, il prend soudain un air grave et dit : « Vous ne me connaissez pas maintenant, vous autres, mais je mourrai un de ces jours et quand vous m'aurez perdu, vous connaîtrez lors ce que je valais et la différence qu'il y a de moi aux autres hommes. » D'après Pierre de l'Estoile, Ravaillac le suivait déjà, guettant le moment propice.

Revenu dans son cabinet, le roi se consacre aux importantes affaires du moment, c'est-à-dire les préparatifs de la guerre qu'il va mener contre l'empire des Habsbourg.

En 1609, Jean-Guillaume, duc de Clèves, de Juliers et de Berg, était mort sans héritier, mais une dizaine de parents plus ou moins proches, dont le duc de Nevers qu'Henri IV freine dans ses ambitions, et des princes allemands protestants prétendent à cette succession. Tous espèrent mettre la main sur des territoires importants situés à l'ouest de l'Empire et proches de la France.

Plus rapide, l'empereur Rodolphe II s'est saisi de Juliers, poussant Henri IV à la riposte. C'est d'ailleurs l'issue que beaucoup préconisent, notamment Sully. La guerre est décidée et Henri IV rassemble une armée considérable.

Il espère également que cela lui permettra de retrouver la belle et jeune Charlotte de Montmorency dont il est éperdument amoureux. Son mari, le prince de Condé, époux d'ailleurs imposé par le roi, l'a prudemment soustraite à ses ardeurs en se réfugiant avec elle à Bruxelles chez les Habsbourg.

Jusque pendant son dîner [déjeuner], il a des entretiens et reçoit Robert de Lignerac dont le régiment devait partir en avant-garde. Il voit également trois de ses filles, les princesses Élisabeth, sept ans et demi, future reine d'Espagne, Chrétienne ou Christine, quatre ans, future duchesse de Savoie, ainsi que Catherine, mademoiselle de Vendôme, treize ans et demi, fille légitimée de Gabrielle d'Estrées, qui épousera le duc d'Elbeuf. Au sortir de table, ce sont le président Jeannin et le conseiller d'État et intendant des finances Isaac Arnauld, sieur de Corbeville, qui viennent l'entretenir. Il se rend alors chez la reine avec La Force qu'il devait faire maréchal de France trois jours plus tard. Affectant la gaieté, il plaisante avec la duchesse de Guise mais ne peut s'empêcher de faire part de son hésitation. Il sait que Sully est malade et s'interroge s'il ira s'entretenir avec lui à l'Arsenal. La reine de lui répondre : « N'y allez point, envoyez-y. Vous êtes en bonne humeur et vous irez vous fâcher ! »

De retour dans son cabinet où il écrit, le roi reçoit un messager revenu de Venise. Toujours troublé il va à la fenêtre, se touche le front et dit : « Mon Dieu, j'ai quelque chose là-dedans qui me trouble fort. »

De nouveau chez la reine, il « fit le père avec ses enfants, Monsieur le duc d'Orléans et Monsieur le duc d'Anjou », c'est-à-dire Louis et Gaston. Il hésite encore : « Mamie, irai-je, n'irai-je pas ? » « Je ne sais ce que j'ai, ajoute-t-il, je ne puis sortir d'ici. » Il se décide enfin. Les dés sont jetés. Henri IV sort par le petit degré dans la cour du Louvre et monte dans une lourde voiture carrée où il s'assied à gauche sur la banquette du fond. Le duc d'Éperon est au fond à sa droite, sur le côté droit Lavardin et Roquelaure, Montbazon et La Force sur le gauche, en face le premier écuyer Charles du Plessis, sieur de Liancourt et Jacques Chabot, comte de Mirebeau, gentilhomme de la Chambre. Il est près de seize heures. Le roi refuse l'escorte de ses gardes, renvoyant Vitry, l'un des capitaines des gardes : « Faites ce que je vous dis ! Il y a cinquante et tant d'années que je me garde sans capitaine des Gardes ; je me garderai bien encore tout seul. » Il renvoie également Choiseul. Il n'avait alors autour de lui, comme l'écrit Malherbe à Peiresc « que quelques gentilshommes et des valets de pied ».

Henri IV veut d'abord aller voir, rue Saint-Denis, les décorations et les arcs de triomphe dressés pour l'entrée officielle de la reine. La veille, le jeudi 13 mai, Marie de Médicis a été couronnée à l'abbaye de Saint-Denis, honneur toujours différé que le roi avait fini par accorder à son épouse florentine. Par cette entrée solennelle prévue pour le dimanche 16, les Parisiens devaient être associés aux réjouissances.

Voulant tirer au plus court, le carrosse atteint bientôt la rue de la Ferronnerie où une charrette de foin et une autre chargée de tonneaux obstruent le passage. C'est le moment que choisit pour surgir un homme à l'air farouche, de stature puissante, la barbe rousse, habillé de vert, vêtu « à la flamande » : François Ravaillac.

Ravaillac est né en 1578 dans une famille de petite bourgeoisie d'Angoulême. Son père, Jean Ravaillac, marchand, greffier de la mairie d'Angoulême et maréchal des logis de la ville est qualifié d'« homme de fort mauvaise vie, [qui] dissipa dans la débauche son patrimoine d'abord, puis une partie de l'avoir de sa femme, laquelle dut recourir à la justice pour requérir la séparation de biens, qui fut prononcée en 1605 ou 1606 ». Sa mère, Françoise, *alias* Catherine Dubreuil, fille de Jean, sieur de Bardonneau, appartient à une famille de petite noblesse.

Le futur régicide a d'abord été valet puis maître d'école et saute-ruisseau chez un clerc. Instable, illuminé, mystique, il est persuadé de sa vocation religieuse, et tente d'entrer d'abord chez les Feuillants comme frère convers. Mais il est renvoyé car jugé justement trop exalté et visionnaire. Il se rend alors à Paris, fera une nouvelle tentative chez les Jésuites qui l'incitent à retourner en Angoumois. Il se nourrit des prédications les plus violentes contre le roi. De plus en plus exalté, il se croit missionné pour remettre le roi sur le droit chemin. Convaincu qu'Henri IV veut faire la guerre au pape – donc, dans son esprit, à Dieu –, il veut le rencontrer pour l'exhorter à la piété et à la sagesse. Par deux fois, au début de 1610, il a tenté de parler au roi. La seconde, il réussit à s'approcher du carrosse d'Henri IV et à lui crier « Au nom de Jésus-Christ et de la Sacrée Vierge Marie, que je parle à vous ! » avant d'être chassé.

Devant son échec, il retourne à Angoulême et se donne pour mission de tuer le souverain. C'est à son troisième séjour à Paris qu'il mènera à bien son dessein meurtrier.

Son heure est venue, en effet. Il suit le carrosse depuis le Louvre. Profitant de son immobilisation, il pose le pied sur un rayon de la roue arrière gauche, l'autre sur une borne, et sort le couteau au manche en corne de cerf qu'il avait dérobé dans un cabaret de la rue Saint-Honoré. Il est gaucher, ce qui lui permet, se retournant et passant la tête par la portière gauche du carrosse, d'atteindre le roi d'un premier coup qui le touche près de l'aisselle. Un second coup plus bas et plus profond pénètre, traverse le poumon gauche, tranche la veine cave et crève l'aorte. Le troisième coup ne fait que percer la manche de Montbazon. « Ce n'est rien », dit d'abord Henri IV, mais un flot de sang jaillit de sa bouche. Le huguenot La Force, lui, a compris et s'écrie : « Ah Sire, souvenez-vous de Dieu ! »

Comme hébété, Ravaillac ne bouge plus. On lui arrache son arme et l'on veut le tuer. Mais le duc d'Éperon s'écrie : « Ne frappez pas, il y va de votre tête. » Tandis que le régicide est conduit à l'hôtel du duc de Retz, La Force jette son manteau sur le roi, et le carrosse, portières baissées, reprend la route du Louvre. L'historiographe Pierre Matthieu rapporte qu'arrivés dans la cour, « on cria au vin et au chirurgien, mais on n'avait besoin ni de l'un ni de l'autre ». Moribond ou déjà mort, les témoignages diffèrent, le roi est porté dans le petit cabinet de la reine. Selon Pierre Matthieu, il aurait ouvert trois fois les yeux avant de les refermer pour toujours.

Bien que son entourage ait déclaré d'abord que le roi n'était que blessé, la nouvelle de sa mort se répand à vive allure. « Chacun crie, pleure et se lamente, grands et petits, jeunes et vieux, les femmes et les filles s'en prennent aux cheveux. Et cependant tout le monde se tient quoy ; au lieu de courir aux armes, on court aux prières et aux vœux pour la santé et la prospérité du nouveau Roy », écrit l'historien Pierre de l'Estoile.

La question de savoir si le bras de Ravaillac était armé par d'autres reste toujours posée même si la réponse paraît devoir être négative. On a parlé de complots. Certes il y en eut régulièrement contre le roi et, récemment, Jean-Christian Petitfils a remis en lumière l'existence d'un complot flamand ourdi par les Habsbourg de Bruxelles. Des noms de commanditaires possibles sont régulièrement cités, Léonora Galigaï, sœur de lait de la reine, et son mari Concino Concini, Henriette d'Entragues, marquise de Verneuil ancienne et peu recommandable maîtresse du roi, le duc d'Éperon, le roi d'Espagne Philippe III... La reine, elle-même, a été accusée par certains d'avoir fomenté ou soutenu le complot régicide et cette idée restera ancrée dans une partie de l'opinion à tel point que les révolutionnaires de 1793 furent particulièrement violents contre sa dépouille.

Ravaillac, lui-même, soumis à la question, a toujours affirmé avoir agi seul et il paraît raisonnable de penser qu'il disait vrai. Vraisemblablement, cet être dérangé, qui a certainement été influencé par certains prêches incendiaires et d'une grande violence contre le roi « mauvais catholique et débauché », a conçu et perpétré seul son crime. Seul il le paiera, en tout cas, et de la pire manière qui soit. Après amende honorable, il est condamné à être « conduict à la place de Grève, et sur un eschafaut qui y sera dressé, tenaillé aux mamelles, bras, cuisses et gras des jambes, sa main dextre y tenant le cousteau duquel a commis ledict parricide ards et bruslez de feu de souffre, et sur les endroits où il sera tenaillé, jetté du plomb fondu, de l'huille bouillante, de la poix, raisine bruslante, de la cire et souffre fondus ensemble. Ce faict, son corps tiré et desmembré à quatre chevaux, ses membres et corps consommez au feu, réduicts en cendres jettées au vent. »

L'attentat de Ravaillac, suivait une longue série de tentatives d'assassinat du roi. On en compta vingt-cinq entre 1584 et 1610. En 1584, c'est le capitaine Michau qui tente de tirer sur le roi de Navarre. Cinq ans plus tard, l'année de l'avènement, le curé de Saint-Nicolas-des-Champs et un moine Feuillant soudoient un certain Louis Pépin pour qu'il tue le roi. En 1591, c'est un apprenti orfèvre qui est pendu à Senlis pour tentative d'assassinat sur la personne du roi. Pierre de l'Estoile rapporte qu'en 1593 un certain Garin, prêtre de Saint-Merri à Paris, s'écriait en chaire : « Que Dieu nous délivre [du roi] par la main de quelque honnête homme ! » Plusieurs tentatives d'attentat sont relevées en cette année où se tiennent à Paris les états généraux de la Ligue, et celles-ci sont toutes inspirées par des prêtres ligueurs.

En 1594, outre quelques tentatives déjouées, eut lieu l'attentat de Jean Châtel, le premier qui manqua véritablement de réussir. Le 27 décembre 1594, ce fils d'un marchand de drap de Paris, ancien élève du collège de Clermont, tenu par les Jésuites, s'approcha subrepticement du roi. Cet après-midi-là, Henri IV se rendait à pied depuis le Louvre jusqu'à l'hôtel du Bouchage, la demeure de sa maîtresse Gabrielle d'Estrées, distante de quelques centaines de mètres. Le jeune homme – il avait dix-neuf ans – sauta par surprise sur le roi pour l'égorger. Mais au moment de porter son coup, Henri IV se baissa pour saluer un visiteur, faisant dévier la lame. Le souverain en réchappa avec une dent en moins et une vilaine cicatrice à la lèvre supérieure. Cet attentat marqua à tel point le roi qu'il bannit alors les Jésuites de France, les forçant à quitter le royaume avant le 10 janvier. Quant à Jean Châtel, il subit le supplice des régicides. L'attentat est important, notons-le, car il laissa des traces sur le visage du roi. On les constatera encore sur son cadavre, et cette blessure au visage apparaîtra dès lors sur ses portraits avec notamment un léger défaut d'implantation de la moustache au-dessus de la lèvre supérieure, ce qui permet de les situer dans le temps, avant ou après 1594.

Les années suivantes, les multiples attentats et tentatives avortées se soldent par la pendaison de leurs auteurs. 1599 les voit se multiplier. Nicolas Langlois capucin de Lorraine est roué en place de Grève, de même qu'Augier et Charles Ridicauwe. Le cas de ce dernier, moine jacobin flamand, est plus grave et témoigne des volontés nombreuses de tuer le « tyran ». Voyageant en Europe, il recueillit nombreux soutiens : amis de Jean Châtel à Gand, nonce du pape à Bruxelles qui le relancera à Rome, Espagnols à Milan… mais il parle trop et sera dénoncé. En 1600, c'est une femme, Nicole Mignon, qui avait eu l'imprudence de confier son dessein au comte de Soissons. L'année suivante, une épouse dénonce son mari, l'avocat Pierre Yvert, et l'on trouve encore la trace d'exécutions d'assassins présumés en 1603 et 1605. Pour les ennemis d'Henri IV, l'année 1610 sera enfin la « bonne année ! »

Pour Henri IV, que Saint-Denis soit son lieu de sépulture définitive ne faisait pas de doute. D'ailleurs le roi avait toujours veillé à se conformer à la tradition monarchique française héritée des Valois. Comme l'écrit Alain Erlande-Brandenburg, « l'histoire de l'abbatiale de Saint-Denis remonte aux origines de la monarchie et se confond ensuite avec elle ». Sépulture de saint Denis qui fut le premier évangélisateur et évêque de Paris, martyrisé en 250, l'abbaye devint au fil des siècles l'une des plus importantes et des plus riches du royaume. Le roi Dagobert la dota généreusement et s'y fit inhumer en 638. L'abbaye s'établit peu à peu comme le lieu d'inhumation privilégié des dynasties royales qui se succèdent en France, mérovingiens, carolingiens puis capétiens, ces derniers développant un lien quasi indissoluble avec l'abbaye devenue leur nécropole. Quarante-deux rois, trente-deux reines, soixante-trois princes et princesses, dix grands du royaume y reposèrent. Avec plus de soixante-dix gisants et tombeaux monumentaux, la nécropole royale de la basilique est encore aujourd'hui le plus important ensemble de sculptures funéraires françaises du XIIe au XVIe siècle. La quasi-totalité des souverains capétiens y reposeront jusqu'au XIXe siècle, même si, pour des raisons politiques, religieuses ou circonstancielles, quelques rois échappèrent à ce quasi-monopole (Philippe Ier, Louis VII, Louis XI, Charles X et Louis-Philippe Ier). Louis XVIII, mort en 1824, est le dernier roi de France et de Navarre à reposer dans la basilique de Saint-Denis, devenue cathédrale en 1966.

Le long processus des funérailles du roi se déroula sur deux journées. À Paris, ce n'est que le 29 juin qu'elles débutèrent. Une immense procession menant à la fois le corps et l'effigie d'Henri IV quitta le Louvre à quatorze heures pour arriver à Notre-Dame à vingt-deux heures. Bien que fort court, le cheminement, passant par le Pont-Neuf, le quai des Augustins et le pont Saint-Michel, prit près de huit heures. Si le protocole avait fixé la place de chacun, il y eut certains désordres voire contestations, et la longueur même de la procession explique que l'ordre fut un peu perturbé.

Vallegio, artiste probablement vénitien, a laissé un superbe et passionnant recueil panoramique gravé intitulé *Pompe funeralli fatte in Pariggi nella morte dell'Invit*[issi].*mo Henrico IIII. Re di Francia et Navarra,* sans doute réalisé dès 1610. Il est constitué de huit grandes estampes représentant le cortège funèbre. Ces gravures viennent compléter, de manière très vivante, les récits circonstanciés de ces cérémonies que l'on trouve notamment chez Pierre Matthieu et dans le *Mercure français.*

Char funèbre, le chariot d'armes qui contient le cercueil du roi est recouvert d'un drap de velours noir décoré d'une croix de satin blanc et de vingt-quatre écus aux armes de France et de Navarre. On y distingue douze des vingt-quatre écus et l'on remarquera qu'ils portent un écartelé aux armes de France aux trois fleurs de lys sur fond d'azur et à celles de Navarre aux chaînes mérelées sur fond de gueules [rouge] et non deux écus accolés ni un parti de France et de Navarre. Le char est tiré par six grands coursiers couverts de velours noir.

Plus loin dans la procession, selon la tradition, se trouve l'effigie du roi. Elle est posée sur un lit et est traditionnellement portée par les « hanouars », c'est-à-dire les porteurs de sel de la ville de Paris, les quatre coins du drap mortuaire étant tenus par les quatre premiers présidents du Parlement de Paris. C'est autour de l'effigie du roi que le conflit de préséance entre les évêques de Paris et d'Angers et le Parlement entraîna quelques bousculades. Il en fut de même ailleurs, notamment entre la cour des Aides et celle des Comptes et, selon Pierre de l'Estoile : « les gourmades et horions donnèrent la préséance à ceux qui surent mieux s'aider des pieds et des mains ».

Arrivés à Notre-Dame vers vingt et une heures, l'on déposa dans le chœur de la cathédrale le cercueil du roi sur lequel on plaça son effigie. Ce furent alors les vêpres et les vigiles des trépassés qui furent chantées et chacun se retira vers vingt-trois heures. Le lendemain 30 juin au matin « fut fait le divin service en musique ». On y chanta vraisemblablement le *Requiem* d'Eustache du Caurroy, compositeur de la Chambre du roi. La messe était célébrée par l'évêque de Paris, Henri de Gondi, et Philippe Cospeau, évêque d'Aire et premier aumônier de la reine Marguerite – la reine Margot, première épouse du roi –, prononça une oraison funèbre qui dura plus d'une heure.

Le cortège prit à quinze heures, dans le même ordre, le chemin de Saint-Denis. À Saint-Ladre, entre La Chapelle et Saint-Denis, la procession s'arrêta et le clergé s'en retourna, tandis que les autres personnages « montèrent à cheval ou en carrosse pour leur soulagement jusques à La Croix qui Panche où le grand prieur et religieux de Saint-Denis y vindrent recevoir le corps et ladite effigie ». Et Briot d'indiquer : « Le soir même luy fut fait un Service solennelle & le lendemain les Pompes et obsèques funèbres furent deuëment parachevés. » Henri IV reposait donc en paix… pour une éternité qui devait trouver son terme un certain 12 octobre 1793. Ce fut alors, en quelque sorte, la seconde mort du roi.

Si l'on utilisait le vocabulaire actuel, on pourrait dire qu'au moment de sa mort, Henri IV est au plus bas dans les sondages. D'abord la guerre dans laquelle le roi a décidé de se lancer est impopulaire. Les Français, après tant d'années de conflits, ont pris goût à la paix. Il s'agit de prendre parti dans une succession, celle des duchés de Clèves, de Juliers et de Berg, qui ne les touche guère.

Beaucoup de Français ne comprennent pas que l'on s'attaque aux Habsbourg, appartenant à la religion catholique, pour défendre les droits de princes allemands protestants. Le peuple sait également que le roi caresse parmi ses objectifs celui de délivrer la jeune et belle Charlotte de Montmorency dont, depuis plusieurs mois, il est amoureux. L'opinion est lassée des amours royales qui, malgré les efforts de Sully, coûtent cher.

Sur le plan religieux, le mécontentement existe à la fois chez les protestants et les catholiques. Certes, Henri IV a mis fin à plus d'un demi-siècle de guerre de religion. En 1598, il a promulgué l'édit de Nantes destiné à pérenniser la paix religieuse, ce que cet édit réussira à faire pendant près d'un siècle. Mais à y regarder de plus près, l'édit ne satisfait totalement personne. Pour en résumer le contenu, comme l'écrit Jean-Pierre Babelon, il est une « méticuleuse mécanique mise au point pour permettre la juxtaposition d'exercice des deux religions qui furent successivement la sienne ». On peut dire que, sur le plan religieux, les catholiques sont gagnants, le roi affirmant que la religion catholique, apostolique et romaine est celle du royaume, la confession protestante n'étant mentionnée que sous le nom de « religion prétendue réformée » (RPR). Les huguenots paraissent, en revanche, gagnants sur le plan civil et militaire, car ils obtiennent des privilèges très importants – dont cent cinquante places de sûreté pour huit ans et une justice avec des cours composées d'un nombre égal de magistrats catholiques et protestants. Malgré ce désir de paix du roi, la théorie du tyrannicide, c'est-à-dire la permission sinon le devoir de tuer un souverain s'il se révèle un tyran, se répand dans le royaume, avec les œuvres du P. Juan Mariana, jésuite espagnol qui glorifiait Jacques Clément, meurtrier d'Henri III.

Enfin, le peuple gronde de plus en plus devant les impôts, car l'amélioration de leur recouvrement, dû à la remise en ordre des fermes royales, touche de plus en plus de personnes.

Comme l'a précisé l'historien Roland Mousnier, « ç'avait été une idylle que ce règne contre qui à la veille de l'assassinat tout le monde criait ». Il écrivit ailleurs : « C'est un grand art chez un homme d'État soucieux de sa gloire que de savoir être assassiné à propos. » Chateaubriand n'avait pas dit autre chose : « Sa fin tragique n'a pas peu contribué à sa renommée : disparaître à propos de la vie est une condition de la gloire. »

Dès la mort du roi, l'on assista, en effet, à un retournement quasi immédiat de l'opinion. Ce fut l'époque où les premiers témoignages sur la vie d'Henri IV furent des déplorations et oraisons funèbres. Au-delà du dithyrambe, s'esquissent déjà des portraits du roi et toutes ces oraisons funèbres prononcées devant des publics nombreux ont contribué à établir la tradition orale du mythe d'Henri IV. Venant d'ecclésiastiques, ces discours ne manquent pas de montrer un roi pieux et dévot qui est soutenu par la volonté divine, mais aussi un roi vainqueur, père du peuple et clément, un roi victime du plus abominable régicide. Des témoignages de ses contemporains (d'Aubigné, de Thou, Bassompierre, Sully, plus tardivement...) aux livres d'histoire, des considérations politiques du siècle des Lumières à celles de la Restauration jusqu'aux grandes célébrations du XXe siècle, Henri IV se révèle le souverain le plus populaire. Il est tour à tour pacificateur, promoteur de la tolérance, reconstructeur du royaume, roi proche du peuple et vert galant, célébré, à leur manière, par la monarchie comme par la République, c'est-à-dire par l'ensemble des Français.

Montrant que la vogue d'Henri IV n'était pas seulement un instrument de propagande monarchique, tout au long des XIXe et XXe siècles les livres de classes, qu'ils soient d'inspiration monarchiste ou républicaine poursuivirent la diffusion du mythe du Bon Roy. Encore aujourd'hui la poule au pot, labourage et pâturage, et le panache blanc (vaincre ou mourir) restent des images ancrées dans la légende identitaire française. Le XXe siècle et le début du XXIe ont montré à travers le succès des trois grandes commémorations nationales de 1953, 1989 et 2010 combien perdure l'attachement à la mémoire du bon roi Henri. La passion qui se manifeste autour de la découverte et l'identification, sur des bases scientifiques et historiques, du chef d'Henri IV, en est un témoignage éloquent.

Chapitre 1

Le brocanteur de Montmartre

Pour la somme royale de 3 francs !

Cet après-midi-là d'octobre 1919, comme plusieurs fois par semaine, Joseph Émile Bourdais se rend à l'hôtel Drouot, en salle des ventes. C'est le seul endroit où il parvient à oublier. Un an plus tôt, alors qu'il se morfondait dans une prison en Allemagne, sa femme est tombée enceinte de son amant. Ils habitent ensemble à présent. Bourdais, lui, loge près de la place du Tertre à Montmartre, dans une vieille maison délabrée adossée à la colline et soutenue par trois piliers de ciment et quelques plaques de tôle.

Il travaille à mi-temps pour un imprimeur, ce qui lui laisse l'amplitude pour chiner dans les brocantes. Il compte bien, d'ailleurs, en faire son métier. La période est propice aux bonnes affaires. Après quatre ans de conflits, les nécessiteux sont légion. L'autre jour à Drouot, il a vu passer la magnifique collection d'un antiquaire allemand qui en demandait 50 millions. Personne n'en a voulu et ce dernier a dû se contenter de trois millions en lots séparés. Il faut compter, aussi, avec tous les biens séquestrés des profiteurs de guerre. Bien qu'étranger au monde de l'art, Joseph Émile Bourdais achète à tour de bras de vieilles croûtes, et se persuade d'avoir mis la main, par hasard, sur quelques toiles de Goya, de Millet, ou encore de Breughel. Il a toujours eu tendance à se laisser porter par son enthousiasme. C'est son principal défaut.

Ce jour-là, le 31 octobre 1919, il arrive vers treize heures trente rue Drouot. Sur la table de Me Lair-Dubreuil, commissaire-priseur, il remarque un lot insolite venant d'une artiste décédée sans héritier. Emma Nallet-Poussin habitait elle aussi non loin de Montmartre. Depuis dix ans qu'elles étaient stockées dans un garde-meubles sans que personne ne les réclame, ses affaires sont vendues au plus offrant. Il y a là des chevalets, des plâtres, des toiles, des statuettes mais aussi des ossements humains, deux crânes et une tête momifiée incroyablement bien conservée.

Joseph Émile Bourdais s'approche. Il remarque un tatouage bleuté à la base du cou et cette oreille manquante du côté gauche de la momie. C'est le choc ! Un vieux souvenir qui surgit du passé. Il se rappelle adolescent avoir lu un article de magazine (était-ce *La Ruche parisienne* ?) paru dans les années 1850 et qui évoquait les profanations de la nécropole des rois de France dans la basilique de Saint-Denis à la Révolution. C'était en 1793, en pleine Terreur. Durant plusieurs semaines, tous les célèbres pensionnaires de la nécropole ont été arrachés à leurs cercueils puis jetés dans deux fosses communes. L'auteur de l'article précisait que le cadavre d'Henri IV avait été retrouvé bien conservé et les traits de son visage parfaitement reconnaissables. Les témoins avaient constaté que toute la peau de sa momie était couverte d'une teinture bleue, phénomène qu'on ne s'expliquait pas. Bourdais racontera plus tard, dans son fascicule *Pourquoi et comment fut tué Henri IV* :

> « *En 1897, j'avais seize ans; dans une revue illustrée genre* Ruche parisienne *ou* Magasin universel, *paraissant vers 1850, je lus un article d'une vingtaine de lignes où il était dit: "que le*

*12 octobre 1793, lorsqu'on défit les bandelettes de la momie d'Henri IV, une personne manifesta son étonnement d'avoir eu à constater qu'une oreille de la momie lui était restée entre les doigts sans la moindre résistance ; et que tous les curieux furent extrêmement intrigués du fait que la peau de cette momie était couverte d'une couleur bleu foncé. […] Quelques années après, dans l'*Histoire du peuple parisien*, je lus aussi que la peau de la momie d'Henri IV était enduite d'un bleu suspect. »*

Dans l'hôtel des ventes de Drouot, Joseph Émile Bourdais n'ose y croire. Cette marque bleue… Risquerait-il le rapprochement ? S'agirait-il d'Henri IV ? Mais s'il a un doute un instant, il est vite balayé par un autre détail anatomique. Il croit déceler une sorte de « bec-de-lièvre » sur la lèvre de la momie du côté droit. Ce féru d'histoire qu'est Bourdais pense immédiatement à l'attentat bien connu commis contre Henri IV par Jean Châtel en 1594. Le maladroit jeune homme n'avait réussi qu'à le blesser au visage, lui laissant une vilaine cicatrice à la lèvre supérieure.

Devant l'énormité de sa découverte, Bourdais reste un instant pétrifié. Puis, il s'assoit en silence pour vérifier la somme dont il dispose et se met à compter son argent fébrilement. Il a à peine 500 francs en poche ce jour-là. Cela va-t-il suffire ?

Impatiemment, il attend la vente de la momie, négligeant toutes les autres. À seize heures, Me Lair-Dubreuil annonce enfin : « Une pièce anatomique. C'est la première fois que j'en vends. Sa rareté est synonyme de prix, ça vaut bien 500 francs. »

Le public se mit à rire. Pas Joseph Émile Bourdais.

Heureusement, le commissaire-priseur reprit rapidement : « 50 francs alors. Personne ne dit mot ? Ajoutez-y les deux autres crânes et les bustes en plâtre, le tout pour 10 francs. Y a-t-il preneur ?… Décidez-vous et qu'on en finisse avec ces saletés ! Dites un prix… Combien ? »

Bourdais prononça timidement : « 3 francs. »

Un coup de marteau du commissaire-priseur marqua la fin de la vente. Adjugé !

Me Lair-Dubreuil disposa le lot dans un vieux bidet qui n'avait pas trouvé preneur et c'est ainsi que ce qui allait devenir la prétendue tête d'Henri IV changea, une nouvelle fois, de propriétaire.

Un passé douloureux

Une fois rentré chez lui, Joseph Émile Bourdais se dit que, pour une fois, il a bien de la chance, lui que la vie n'avait pourtant jamais gâté.

Issu d'une famille très modeste de six enfants, ses parents l'ont très vite inscrit comme enfant de chœur dans l'espoir de le voir rapporter quelques sous des enterrements, ce qui l'oblige à manquer la classe. Il n'obtient pas son certificat d'études et, à treize ans, il gagne son premier salaire comme clerc chez un notaire. Il y restera vingt et un ans, période durant laquelle il fréquente très tôt les bibliothèques, se passionnant pour l'histoire. Il deviendra d'ailleurs le bibliothécaire des officiers durant son service militaire.

Il se marie avec son premier *flirt*, la fille d'un maraîcher d'Argenteuil, un ivrogne qui frappe et viole ses enfants. Un soir, le jeune Bourdais le surprend en train de la molester. Il kidnappe alors la demoiselle la nuit-même, l'arrachant de chez elle avec pour seuls bagages ses habits du jour. Jamais elle ne revit ses parents.

Ils décident de se marier rapidement et vivent modestement dans un deux-pièces, rue de Grenelle à Paris. Heureux, insouciants, ils mènent une existence paisible surtout après l'arrivée d'un petit garçon. Mais à trois ans, l'enfant tombe malade. L'appartement est mal chauffé cette année-là. Bourdais n'a pas réparé le poêle défectueux, faute de moyens. Mal soigné, l'enfant meurt à l'hôpital des suites d'une infection de la trachée et du larynx. Les médecins n'avaient diagnostiqué qu'une pneumonie… Joseph Émile Bourdais, un poil superstitieux, racontera que son fils occupait le lit numéro 13 de la salle 13, qu'il est mort dans ses bras à 13 heures, un vendredi 13… N'en rajoute-t-il pas déjà un peu ?

Dès lors, les relations dans le couple se détériorent, sa femme ne pensant qu'à s'étourdir. Chanteuse dans de petits cabarets, elle rencontre du beau monde et multiplie les aventures. Souvent, elle s'échappe du domicile conjugal et disparaît durant plusieurs jours sans prendre le soin de se justifier ou de prévenir où elle est. Mais Bourdais ne dit rien, il laisse faire. C'est sa nature, plutôt bonhomme et pas belliqueux. Un jour pourtant, c'en est trop. Il suit discrètement sa femme après l'une de ses représentations et la surprend en galante compagnie. Son sang ne fait qu'un tour, il corrige sévèrement l'amant du moment. Puis, dans l'espoir sans doute de sauver son couple, il décide de partir vivre avec sa femme à la campagne chez un ami qui a une propriété dans la Marne. Durant deux ans, le couple se reconstruit, évoque même l'idée d'avoir un autre enfant. L'avenir semble leur sourire à nouveau.

Mais la guerre va se charger de casser définitivement le ménage Bourdais. Fait prisonnier, Joseph Émile reçoit une lettre de sa femme. Elle a trouvé un autre amant. Elle est enceinte de lui et demande le divorce. Jamais Bourdais ne se relèvera de ces traumatismes et n'aura plus ni femme, ni enfant. Son seul bébé, à présent, c'est cette tête embaumée qu'il vient d'acheter et à laquelle il va consacrer le restant de ses jours.

Premières intuitions : le pillage de Saint-Denis

Les premiers jours qui suivent la vente aux enchères, Joseph Bourdais exulte. Il en est sûr, c'est bien Henri IV, il va devenir riche et célèbre. Mais encore faut-il le prouver !

Il se plonge alors dans les livres et les archives à la recherche de témoignages mentionnant l'existence de cette tête. Et il devient fin connaisseur de ce macabre épisode de l'Histoire de France que furent les profanations de la basilique de Saint-Denis durant la Révolution. Il en vient à la conclusion que la décapitation d'Henri IV a pu être commise le samedi 12 octobre 1793, dans l'après-midi ou dans la soirée. Voici la reconstitution qu'il fait de cette journée.

Ce jour-là, des ouvriers descendent par les escaliers à la lueur de torches et de lanternes vers le caveau des Bourbons situé dans la galerie souterraine. Là étaient entreposés Henri IV et cinquante-trois de ses descendants, chaque cercueil disposé sur de vieux tréteaux de fer. Tous seront ouverts et leurs occupants extraits sans ménagement pour aller rejoindre deux fosses communes. La macabre entreprise va durer deux semaines. Deux semaines d'horreur. Le premier roi à être sorti de son repos est Henri IV. Son cercueil est brisé à coups de marteau. On retire alors son suaire qui entourait le corps et la tête apparaît, incroyablement bien conservée, avec sa barbe intacte et « les traits du visage parfaitement reconnaissables » selon plusieurs témoins. Des peintures du XIXe siècle ont immortalisé la suite, influencées par des témoignages directs. On voit le cercueil d'Henri IV ouvert, entouré d'un petit groupe de profanateurs stupéfaits de la bonne conservation du cadavre. Puis, on expose son corps durant plusieurs heures, dressé contre l'un des piliers du passage des chapelles basses.

Sur cet épisode, de nombreuses anecdotes ont circulé sur l'attitude adoptée par les témoins, mais les versions varient selon les auteurs, remarque Joseph Émile Bourdais. L'un mentionne l'épisode légendaire d'un soldat qui, sortant son sabre, aurait tranché la barbe d'Henri IV, le roi guerrier et conquérant, pour en faire une moustache postiche avant de s'écrier :

« Et moi aussi je suis soldat français et désormais, je n'aurai plus d'autres moustaches. Maintenant, je suis sûr de vaincre les ennemis de la France et je marche à la victoire. » Un autre témoin se rappelle d'une femme à la figure hautaine qui aurait souffleté Henri IV si violemment que son cercueil serait tombé à terre. Mais d'autres prétendent que c'était non une femme, mais un soldat... Alexandre Lenoir, vingt-six ans au moment des faits et futur conservateur du patrimoine présent sur place, témoigna : « Bien que fier républicain, je ne pus m'empêcher de serrer la main d'un si grand homme. »

Le même Alexandre Lenoir a réalisé toute une série de croquis assez réalistes des cadavres exhumés ce jour-là. Henri IV, mais aussi Turenne et Louis XIV. Sur le dessin qu'il trace du corps d'Henri IV, on voit un cadavre décharné, allongé sur le dos, à la tête desséchée mais pas squelettisée, comportant encore d'importantes mèches de cheveux (sombres : et non pas blancs comme on pourrait s'y attendre selon les descriptions du roi à sa mort), le nez écrasé juste sous les os propres du nez.

Le soir venu, les ouvriers partent en laissant le roi dressé seul, sur son pilier. Deux jours plus tard, le lundi 14 octobre, le travail reprend vers quinze heures. Ils prennent le corps d'Henri IV et le jettent le premier dans la fosse commune creusée spécialement pour la dynastie des Bourbons. La triste besogne continue avec son fils Louis XIII, retrouvé assez bien conservé et reconnaissable à sa longue moustache. Louis XIV est « noir comme de l'encre » et Louis XV « en état de putréfaction liquide », selon les rapports d'exhumation. Le mauvais état de conservation de ce dernier s'explique facilement : mort de la petite vérole en contaminant son entourage, les rares médecins survivants n'eurent finalement pas le courage de l'embaumer et le mirent tel quel dans son cercueil.

On s'attaqua aussi aux dépouilles d'Anne d'Autriche, de Marie-Thérèse, l'Infante d'Espagne, et de Marie de Médicis, dont le corps va subir tous les outrages, les profanateurs l'accusant d'avoir commandité le meurtre de son époux, Henri IV. Un commissaire chargé de surveiller l'exhumation racontera des années plus tard ces scènes d'horreur :

> « *La plupart de ces corps étaient en putréfaction ; il en sortait une vapeur noire et épaisse, d'une odeur infecte, qu'on chassait à force de vinaigre et de poudre qu'on eut la précaution de brûler ; ce qui n'empêcha pas les ouvriers de gagner des dévoiements et des fièvres, qui n'ont pas eu de mauvaise suite.* »

Les quelques corps sont alors jetés en vrac dans les deux fosses communes qui ont été creusées (initialement une pour les Valois, l'autre pour les Bourbons). En attendant l'arrivée de nouvelles dépouilles le lendemain matin, les ouvriers versent un peu de terre mélangée à de la chaux, pour assainir et consumer les chairs et autres matières organiques, avant de s'en aller.

C'est peut-être à ce moment précis que la tête a pu être subtilisée ? Bourdais en est sûr, toutes les conditions étaient, selon lui, réunies pour qu'un voleur puisse s'emparer discrètement de la tête. D'ailleurs, si la tête qu'il a sous les yeux avait séjourné dans la fosse, sous la chaux, il est vraisemblable qu'elle aurait considérablement souffert et n'aurait pas l'aspect momifiée qu'elle a : marron, avec encore un fort beau volume. Elle a donc été volée avant l'enfouissement dans la fosse commune… à condition qu'il s'agisse bien d'une tête royale, et notamment de celle d'Henri IV.

Une foire aux reliques ?

Dans le dessin de Lenoir figurant la momie d'Henri IV, sa bouche est clairement fermée. Mais c'est au moment du transport des corps hors de la basilique et lorsque les cadavres sont jetés dans les fosses communes que se produisent les véritables dégradations : à la profanation des tombeaux succède le pillage des dépouilles. On verra, dans les témoignages suivants, que les récupérations d'organes, de fragments corporels et même de membres entiers n'ont pas été isolées, bien au contraire. La soustraction d'une tête entière ne paraît pas improbable, au vu de l'importance des « prélèvements corporels » auxquels se sont livrés révolutionnaires, badauds et curieux (et même des enfants, si l'on en croit certains témoignages d'époque). Dès lors, on comprend qu'une ouverture forcée de la bouche aux fins d'extraction de dents (et peut-être de prothèses dentaires en métaux précieux, qui sait ?) ait pu se produire, transformant radicalement l'aspect de la face d'Henri IV, comme de celle d'autres momies.

Pour preuve ce témoignage de Henri-Martin Manteau qui dit avoir vu descendre dans les fosses creusées à l'extérieur de la basilique un charretier qui profana le cadavre de Louis XIV, l'éventra et lui « ouvrit aussi la bouche qui était aussi garnie d'étoupes ». Un autre voit un homme « ôter toutes les dents de Turenne pour les vendre à ceux qu'un spectacle aussi curieux que touchant attirait dans l'église de Saint-Denis[1] ». Certains ouvriers distribuent même des reliques aux spectateurs, comme le rapporte encore Manteau : « Les ouvriers, animés pour ainsi dire par un esprit de rage, arrachèrent et distribuèrent au hasard les cheveux de cette reine [Marie de Médicis] ; je tendis au milieu du groupe une main incertaine qui parvint à en saisir une petite touffe que j'eus soin de conserver[2]. » Le même

1. Georges d'Heylli, *Les Tombes royales de Saint-Denis : histoire et nomenclature des tombeaux, extraction des cercueils royaux en 1793, ce qu'ils contenaient*, Paris, Librairie générale, 1872.
2. Vicomte de Hennezel d'Ormois, *Le 14 octobre 1793 à Saint-Denis*, Saint-Quentin, 1912.

(Manteau) récupérera aussi au passage un ongle de la main droite de Louis XIV et un autre du gros orteil droit d'Henri IV...

Nous en reparlerons, mais le fond Brulay, déposé au musée Tavet-Delacour à Pontoise, prouve quant à lui (même si des incohérences historiques existent quant à l'authenticité de certaines pièces) que la soustraction d'importants fragments anatomiques a été possible : une jambe dite « de Catherine de Médicis » fait ainsi partie de l'ensemble !

Alexandre Lenoir dérobe lui aussi des restes (à moins qu'il ne s'agisse du docteur Jacques Philippe Ledru, l'un de ses amis présent au moment des faits ?) : ainsi, une caisse contenant un ensemble anatomique hétéroclite va errer jusqu'en 1894 où elle est enfin déposée dans la crypte de la basilique Saint-Denis. Qu'y trouve-t-on ? Une omoplate d'Hugues Capet, un fémur de Charles V, un tibia de Charles VI, des vertèbres de Charles VII et de Charles IX, des côtes de Philippe le Bel et de Louis XII, la mandibule de Catherine de Médicis et... un tibia du cardinal de Retz (les attributions sont d'époque). Nous reviendrons également sur cet ensemble hétéroclite lorsqu'il s'agira de décrire la personnalité trouble d'Alexandre Lenoir et son rôle éventuel dans l'histoire de cette relique...

La mauvaise intuition du brocanteur

Joseph Émile Bourdais quant à lui va vite déchanter. Il tombe un peu plus tard sur le témoignage d'Alexandre Lenoir, conservateur du patrimoine mandaté par le gouvernement pour sauver les principaux monuments de la destruction. Il assure avoir vu le cadavre d'Henri IV à l'ouverture de son cercueil et en fait la minutieuse description :

> « *Le crâne était scié et contenait à la place de la cervelle, qui en avait été ôtée, de l'étoupe enduite d'une liqueur extraite d'aromates, qui*

répandait une odeur tellement forte qu'il était presque impossible de la supporter.»

Au début du XXe siècle, on connaît assez peu de choses sur l'embaumement des rois de France. Mais on sait qu'ils subissent une éviscération, que leur crâne est habituellement scié, que leur cadavre est rempli d'aromates et autres substances odoriférantes, enveloppé de bandelettes, et déposé dans des cercueils gigognes.

Or cette tête embaumée, Joseph Émile Bourdais en est sûr, a un crâne bien intact. Aucune trace de sciage.

Bourdais se prend les pieds dans le tapis de l'Histoire

Passant outre ce fait troublant, Joseph Bourdais n'en reste pas là. Il fait même appel aux services de police, et utilise les techniques nouvelles de bertillonage, les superpositions faciales (coupant la photographie de la tête embaumée en deux et la superposant sur des gravures figurant Henri IV selon divers angles de vue), etc. Devenu photographe pour touristes à Montmartre, il s'amuse à faire ressortir les ressemblances de sa momie avec Henri IV. Pour lui, tout concorde parfaitement : même front étroit et fuyant, même proéminence de l'arcade sourcilière, même profil avec ce nez bien allongé et ce menton marqué, si caractéristique des rois Bourbons. Le résultat est bluffant. Trop peut-être pour être franchement pris au sérieux.

Bourdais note aussi des traces de plâtre sur différents endroits de la tête, qu'il prend pour des résidus laissés par le moulage du masque mortuaire réalisé sur le cadavre, une coutume chez les rois de France et les personnages célèbres de l'époque.

Il n'en faut pas plus pour le brocanteur. Pour lui, le doute n'est plus permis. Alexandre Lenoir a dû se tromper dans son témoignage. Ou mieux, c'est un complice du vol de la tête du roi, voire le voleur lui-même, et son témoignage serait donc un faux... Vaille que vaille, il se lance alors dans une vaste entreprise de promotion destinée à faire reconnaître sa trouvaille. Dans son bric-à-brac de Montmartre, il éclaire sa momie jour et nuit sous une lampe votive, reçoit les journalistes à tour de bras, clame haut et fort sa bonne foi. On le prend quand même un peu pour un doux dingue (et vraisemblablement à raison, car il en fait trop et, on va le voir, il va bientôt aller trop loin). Il consulte aussi tout ce que l'époque compte de savants, historiens, archéologues, médecins et conduit son crâne jusque dans les antichambres ministérielles.

Mais son histoire au mieux fait sourire, au pire inspire le dégoût. Et puis Joseph Émile Bourdais n'est pas du sérail. Il n'a ni relations, ni diplômes et il est à moitié analphabète. La majeure partie des spécialistes ne prend même pas la peine de lui répondre. L'autre critique ouvertement cet hurluberlu qui ne pourra, de toute façon, jamais prouver ses dires.

Isolé, Joseph Émile Bourdais ne baisse pourtant pas les bras. Pour arrondir ses fins de mois, il transforme sa relique en attraction pour les badauds de Montmartre et fait payer la pose à côté de la momie. Pour plus de prestance, il s'est offert une vieille légion d'honneur de l'époque de Louis-Philippe gravée à l'effigie d'Henri IV et il en affuble la relique à chaque sortie.

Dans le milieu des années 1930, Bourdais part vivre à Dinard. Là-bas, il continue de claironner sa vérité et finit la rédaction d'une épaisse brochure, publiée à compte d'auteur, *Pourquoi et comment fut tué Henri IV. Réfutations de nombreuses inexactitudes sur les circonstances de l'assassinat, résultant des constatations surprenantes faites à l'examen du chef momifié de ce monarque*. Comme une bouteille lancée à la mer, il y grave ses certitudes, pour la postérité. Mais il ajoute, et c'est bien ce qui finit de le perdre, une théorie historique « fumeuse » allant jusqu'à impliquer le duc d'Épernon dans l'assassinat comme complice en raison d'une mauvaise interprétation de lésions cutanées sur la tête embaumée... Juste avant sa mort, en 1946, il tentera bien de donner sa momie au musée du Louvre, mais il ne reçoit aucune réponse. Il meurt, moqué de tous et, pire, dans l'ignorance.

La dernière personne qui dit avoir vu la relique de Bourdais est un journaliste, Maurice Colinon. Il publie un article dans le magazine *Miroir de l'Histoire* en octobre 1952, « A-t-on retrouvé la tête d'Henri IV ? », après avoir échangé avec la sœur de Joseph Bourdais, une certaine Mme Gaillard, dans un taudis voisin de celui de son frère à Montmartre. La veille dame désœuvrée, à moitié sénile, lui avait montré la tête qui avait appartenu à son frère, lequel, faute d'héritier, la lui avait transmise après sa mort. Elle la gardait dans une caisse en bois de chêne, sa légion d'honneur toujours accrochée sur le tissu velouté du capiton. La vieille dame l'avait placée sous son lit « d'où elle ne sortait que les jours de grand nettoyage », précise l'article.

Avec une certaine poésie, Colinon, plutôt convaincu de l'authenticité de la momie, la compare à « une épave à la dérive, l'un de ces dépôts précieux plus ou moins légendaires que le passé abandonne parfois sur nos rivages, après les avoir longtemps roulés sur ses vagues ». Au décès de Mme Gaillard, quelques années plus tard, c'est le néant. La momie du brocanteur semble avoir disparu dans les rues de Montmartre.

Chapitre 2

Rencontre avec une énigme

Dans le bureau d'un académicien

Automne 2008, non loin de la butte de Montmartre à Paris.

Co-auteur du présent ouvrage, journaliste indépendant et réalisateur de documentaires, je prépare une émission sur Henri IV. Et j'ai pour cela rendez-vous avec un académicien habitant au dernier étage d'un immeuble cossu du 18e arrondissement, à quelques pas de la colline.

C'est de cette même colline qu'Henri IV assiégea Paris l'insoumise presque quatre cents ans auparavant. Et c'est là qu'a élu domicile Jean-Pierre Babelon, le biographe de référence du Bon Roy[1]. Depuis le salon, la vue est très étendue sur la capitale et ses grandes avenues, dont il est l'un des plus fins connaisseurs. Spécialiste de l'histoire du XVIe et du XVIIe siècle, il a publié de nombreux ouvrages qui ont fait date sur l'histoire urbaine et l'histoire de l'art. Une brillante carrière qui l'a amené à devenir l'un des hauts gradés des Archives nationales (et à ce titre gardien de l'Armoire de fer où dorment les documents les plus

1. *Henri IV*, Paris, Fayard, 2009.

précieux de l'Histoire de France), puis directeur général du château de Versailles, charge qu'il a exercée durant sept ans.

En rentrant dans le bureau d'un tel personnage, on sait par avance que l'on ne va pas perdre son temps. La discussion s'attarde sur les classiques de la légende d'Henri IV qui pourraient être portés à l'écran pour un documentaire. On évoque sa croyance religieuse (le roi changea six fois de religion durant sa vie), sa passion pour les femmes (on lui prête soixante-treize maîtresses reconnues et un nombre incalculable de descendants légitimés ou de bâtards proclamés), son côté bon vivant et proche du peuple (la légende de la poule-au-pot), son talent politique et bien sûr le mystère de son assassinat.

Mais n'existerait-il pas un mystère méconnu planant autour du roi, une énigme sur laquelle rien n'a encore été fait, une légende insolite ? L'historien cligne des yeux un instant, se fend d'un sourire ironique et enchaîne sur la mystérieuse histoire d'un brocanteur à moitié fou qui affirmait détenir la tête du roi Henri IV, achetée 3 francs en salle des ventes : « Je n'ai que très peu d'informations sur cette vieille affaire qui avait défrayé la chronique dans les années 1930, à la fois légende et farce sans doute. Je dois bien avoir quelques articles mais rien de plus. Depuis la mort du brocanteur à la fin des années 1940, la tête a disparu de la circulation. »

L'entretien en reste là, mais je décide de me renseigner, sans trop y croire, en compilant quelques archives connues sur cette vieille affaire. Ce serait décidemment une belle énigme à raconter. Quant à la résoudre...

Mais quelque temps plus tard, Jean-Pierre Babelon, s'étant souvenu d'une lettre reçue en 2006 évoquant cette histoire de tête, me rappelle. Ce courrier, *a priori* sans importance, il vient de le retrouver en fouillant dans ses dossiers. Elle émanait d'un homme qui s'intéressait à la tête perdue de Bourdais. Il cherchait à obtenir de l'historien des informations sur le brocanteur, sans en dire plus. Jean-Pierre Babelon ne se rappelle plus lui avoir répondu. Une lettre avec un nom, Jacques Bellanger, et une adresse à Châteaudun. Exploitant cette piste potentielle, je jette un coup d'œil à l'annuaire et trouve l'interlocuteur. À l'autre bout du fil, la voix qui répond est celle d'un homme âgé au ton poli, courtois, qui laisse poindre une certaine nervosité : « Oui, je me suis intéressé, il y a quelque temps, à cette énigme et j'ai bien écrit à Jean-Pierre Babelon. J'ai peut-être un ou deux articles là-dessus mais je n'en sais pas plus. Je ne peux pas vous aider. »

N'aurait-il vraiment pas des informations sur cette tête disparue ? Sur l'endroit où elle pourrait se cacher ?

Silence gêné.

« Non, je ne peux rien pour vous, vraiment, désolé. »

Mal à l'aise, il écourte poliment la discussion.

Heureusement, si l'homme n'est pas parlant, au moins finit-il par répondre aux courriers. Puis, des mois plus tard, au téléphone. L'intuition de cette piste s'est révélée payante. Il avoue finalement… être le détenteur de la tête ! M. Bellanger m'explique être un grand amateur d'Histoire et que le mystère de la tête de Bourdais l'a beaucoup intrigué. Il l'a rachetée en 1953 à Mme Gaillard, la sœur du brocanteur montmartrois, juste avant sa mort. Sans être non plus véritablement convaincu de son authenticité, lui et sa femme ont arpenté durant des années châteaux, salles d'archives et ruelles de Montmartre pour glaner des informations. En vain. C'était il y a bien longtemps.

Il y a encore dix ans, il n'aurait jamais avoué à quiconque être le propriétaire de cette momie. Il entretenait le secret espoir de parvenir à résoudre seul cette énigme. S'il a décidé avec sa femme de « passer la main » (comme l'avait fait Mme Gaillard autrefois), c'est que, les années passant, il ne s'en sentait plus le courage. À quatre-vingt-quatre ans, la force et l'énergie font défaut. Le fameux coup de fil était arrivé à point nommé. Voyant les recherches d'archives déjà entreprises au fil des mois et cette passion d'une énigme qui se transmettait, la méfiance, peu à peu, s'est estompée pour finalement disparaître. Les Bellanger n'avaient pourtant jamais parlé de cette étrange acquisition, pas même à leurs enfants. Un an après le premier entretien téléphonique, Jacques Bellanger se dit finalement prêt à me confier sa momie pour lui faire subir une expertise scientifique et historique en bonne et due forme. Et en avoir enfin le cœur net.

Et il est plutôt rassurant sur l'état de la momie, excellent, selon ses dires : « Elle n'a pas bougé depuis que nous l'avons achetée. Elle est sèche, momifiée mais solide et supporte le froid et le chaud sans bouger. "Elle est stabilisée", diraient les spécialistes. Mais nous ne l'avons pratiquement pas manipulée. Cinq ou six fois en cinquante ans, pas plus. Le reste du temps, elle est restée dans la caisse en bois sur mesure que lui avait fabriquée Bourdais, rangée dans une armoire de notre grenier. Et je vous confirme qu'*a priori*, elle n'a pas le crâne scié. »

Aujourd'hui, il avoue vouloir « la confier définitivement d'ici quelques mois » et demande pour la suite « la discrétion la plus totale tant que les résultats des tests d'authenticité ne seront pas connus ».

Premières recherches, premiers espoirs

Avant même de pouvoir récupérer la momie, il faut tirer au clair un certain nombre de questions. À commencer par cette histoire de crâne scié qui, de prime abord, ne plaide pas en faveur de l'authentification. Que sait-on vraiment de l'embaumement et de l'autopsie d'Henri IV ?

Après les tragiques événements du 14 mai 1610, au soir, vers minuit, la dépouille d'Henri IV est déshabillée. On lui retire l'habit de satin noir qu'il portait au moment du meurtre. La poitrine était gorgée de sang mais son visage était serein. On le revêt d'un pourpoint de satin blanc et le cadavre est étendu sur son lit dans la « petite chambre du roi ». L'autopsie fut pratiquée dès le lendemain, vers quatre heures. Dix-huit médecins et treize chirurgiens en signèrent le procès-verbal, qui ne put que confirmer la cause du décès. Voici textuellement ce que dit le protocole d'autopsie, signé par les médecins et les chirurgiens du roi et publié dans les *Œuvres complètes* du chirurgien Jacques Guillemeau.

> *RAPPORT DE L'OUVERTURE DU CORPS DU ROI défunt Henri le Grand, IV de ce nom, Roi de France et de Navarre, qui a été faite le quinzième jour de mai mille six cent dix, à quatre heures du soir ; Ayant été blessé le jour précédent d'un couteau, étant dedans son carrosse, dont il serait décédé incontinent, après avoir dit quelques paroles, et jeté du sang par la bouche.*
>
> *S'est trouvé par les médecins et chirurgiens soussignés, ce qui s'ensuit.*
>
> *Une plaie au côté gauche, entre l'aisselle et la mamelle sur la deux et troisième côtes d'en haut, d'entrée du travers d'un doigt, coulant sur le muscle pectoral vers la dite mamelle : de la longueur de quatre doigts, sans pénétrer au-dedans de la poitrine.*
>
> *L'autre plaie en plus bas lieu, entre la cinq et sixième côtes au milieu du même côté, d'entrée de deux travers de doigts pénétrant la poitrine et perçant l'un des lobes du poumon gauche et de là coupant le tronc de l'artère veineuse à y mettre le petit doigt, un peu au-dessus de l'aureille gauche du cœur : de cet endroit l'un et l'autre poumon a tiré le sang, qu'il a jeté à flot par la bouche : et du surplus se sont tellement remplis qu'ils s'en sont trouvés tous noirs comme d'une ecchymose.*

Il s'est trouvé aussi grande quantité de sang caillé en la cavité de la dite poitrine, et quelque peu au ventricule droit du cœur, lequel ensemble les grands vaisseaux qui en sortent, étaient tous affaissés de l'évacuation : et la veine cave, au droit du coup (fort près du cœur), a paru noircie de la contusion faite par la pointe du couteau.

Par quoi tous ont jugé que cette plaie était seule et nécessaire cause de la mort.

Toutes les autres parties du corps se sont trouvées fort entières et saines, comme tout le corps était de très bonne température, et de très belle structure.

Fait à Paris, les jour et an que dessus.

Médecins du Roi

A. PETIT, A. MILON, DELORME, REGNARD, HEROARD, LE MAISTRE, FALAISEAU, DE MAIERNE, HUBERT, LE MIRRHE, CARRE, AUBERI, YVELIN, DELORME LE JEUNE, HAUTIN, PENA, LUSSON, SEQUIN

Chirurgiens du Roi

MARTEL, PIGRAI, GUILLEMEAU, REGNAUD, GARDE, PHILIPPES, IARRET, DE LA NOUE, IOUBARD, BERARD, BACHELIER, ROBILLARD.

On porta ensuite à Saint-Denis le vase où avaient été placées ses entrailles.

Pour tenter de découvrir le sort réservé au crâne du Béarnais après l'autopsie, je m'adresse à Philippe Charlier, médecin légiste et anthropologue, celui-là même qui se chargera de l'ensemble des expertises scientifiques à venir et co-auteur du présent ouvrage. Spécialisé dans l'étude des restes humains anciens, il propose un protocole scientifique d'authentification et effectue les premières recherches documentaires.

Premier problème : il n'est fait aucune mention du moindre sciage du crâne ni du moindre examen du cerveau dans le procès-verbal d'autopsie. Par ailleurs, il n'existe pas de document décrivant le type d'embaumement pratiqué sur le roi, qui aurait pu nous dire si une craniotomie aux fins d'excérébration et de dépôt de matières odoriférantes dans le « ventre supérieur » (le crâne) a effectivement eu lieu.

L'ambiguïté du rapport d'autopsie tient au fait qu'une phrase sibylline indique que « toutes les autres parties du corps se sont trouvées fort entières et saines ». Sans préciser expressément si un examen des structures cérébrales a eu lieu ou pas. Cette étape au moment de l'autopsie n'était en effet pas systématique dès lors que la cause du décès a été trouvée ailleurs (en l'occurrence deux plaies thoraciques mortelles par arme blanche). Donc aucun moyen de s'appuyer sur une archive écrite à l'époque et qui viendrait confirmer ou infirmer la thèse de Joseph Émile Bourdais. Qu'en est-il des souverains précédents (Henri III, Charles IX, François II, etc.) et des suivants (Louis XIV) ? Ceux-là ont bien eu le crâne scié, comme c'est, semble-t-il, l'habitude pour les souverains français. Tout laissait à penser, *a priori*, et sans investigation complémentaire, qu'Henri IV avait subi lui aussi un sort comparable lors de son embaumement...

Mais une recherche historique plus poussée soulève une autre possibilité. Jacques Guillemeau a pratiqué l'autopsie d'Henri IV dont il a signé, avec d'autres confrères, le procès-verbal. Premier chirurgien du roi, il est l'un des meilleurs spécialistes en matière d'embaumement, élève du fameux Ambroise Paré, le père de la chirurgie moderne. Était-il possible qu'il ait « continué le travail » et procédé à l'embaumement du corps du roi après l'avoir autopsié ?

On sait que, justement, Jacques Guillemeau avait deux techniques principales pour embaumer les cadavres d'hommes et femmes « de qualité » : le sciage du crâne et la trépanation *post-mortem* (qui ne prévoyait donc pas l'ouverture du crâne) ! Cette deuxième méthode, la trépanation, consistait à forer deux petits orifices centimétriques dans la boîte crânienne au niveau des os pariétaux à l'aide d'un trépan. Ensuite, un liquide sous pression, mélange d'eau et de vinaigre, était injecté sous pression par l'un des orifices, et le cerveau, liquéfié (par l'action de l'acide et de la surpression, et du fait de sa propre décomposition), sortait par l'autre orifice. On cachait ensuite les trous en recousant la peau au point de croix. Cette technique permettait de ne pas trop mutiler le visage du défunt et ne laissait que peu de traces visibles.

Guillemeau a embaumé les corps de Charles IX et Henri III. Mais comme les rapports d'autopsie mentionnent l'état du cerveau et des méninges de ces deux monarques, il est vraisemblable qu'ils ont été sciés préalablement et n'ont pas bénéficié de cette excérébration par trépanation (le cerveau ayant déjà été retiré au décours du sciage du crâne lors de l'autopsie première). Sur quels cadavres Guillemeau a-t-il donc pratiqué la trépanation *post-mortem* ? Ceux qui n'avaient pas été préalablement autopsiés, ou ceux dont l'autopsie avait épargné la tête, vraisemblablement. Se pourrait-il donc que la tête de Bourdais ait été trépanée (plutôt que sciée) et que personne ne l'ait remarqué ?

Seul un examen radiologique (un scanner) permettrait de lever le doute, sans ambiguïté. Et c'est bien ce qui est prévu dans la batterie de tests scientifiques auxquels sera soumise bientôt la tête momifiée...

Dream Team

Il est temps pour nous de constituer une équipe solide pour mener à bien l'indentification du propriétaire de cette tête, qu'elle confirme ou infirme l'hypothèse du brocanteur.

Pour nous appuyer dans notre enquête historique, Jean-Pierre Babelon, sollicité, nous rejoint, très vite suivi de Jacques Perot, conservateur général du patrimoine, président de la société Henri IV. Le journaliste et réalisateur de documentaires Pierre Belet, sollicité dés l'origine du projet, aura lui pour mission de filmer au jour le jour durant les prochains mois toutes les étapes de cette investigation scientifico-historique. Il mettra aussi sa passion de l'histoire au service de l'enquête. Bruno Galland, directeur scientifique des Archives nationales, apportera par la suite sa précieuse compétence dans l'analyse minutieuse des documents relatant les profanations de Saint-Denis.

La dernière prise de contact est soufflée par Jacques Bellanger lui-même. Il souhaite en effet associer la famille du défunt aux expertises à venir et suggère de rentrer en contact avec l'un des principaux descendants d'Henri IV, Mgr le prince Louis de Bourbon, duc d'Anjou, l'aîné de la famille.

Si les scientifiques parviennent à authentifier la momie comme étant véritablement celle d'Henri IV, Jacques Bellanger demande à ce que la momie soit transmise au prince, pour « que sa famille, la République française et l'Église puissent l'inhumer dignement en la basilique de Saint-Denis ». Dans le cas contraire, si cette momie reste à jamais anonyme, il souhaite qu'un musée national ou une école de médecine puisse accueillir et étudier cette pièce anatomique incroyablement bien conservée.

Contact est donc rapidement pris avec le prince. Âgé de trente-sept ans, celui que ses partisans appellent « Louis XX » est l'aîné des descendants de la plus illustre des dynasties royales d'Europe, français par son père (Alphonse de Bourbon, descendant du duc d'Anjou, petit-fils de Louis XIV, devenu Philippe V d'Espagne) et espagnol par sa mère (Carmen, la petite-fille de Franco). Ouvert sur le monde, il s'est marié à une

Vénézuélienne et travaille comme banquier d'affaires entre Madrid, Paris, New York et Caracas. Évidemment passionné d'Histoire lui aussi, il se déclare prêt à nous soutenir dans notre entreprise et faire progresser cette énigme ancienne.

Mais en attendant la fin des expertises scientifiques, c'est aux deux journalistes que les Bellanger confient leur plus précieux trésor. Ils ne souhaitent plus garder chez eux le « monarque », comme ils l'appellent. En fait, ils ne savent plus vraiment quoi faire de la relique. Et redoutent l'avenir. Que faire si l'un d'entre eux venait à disparaître ? Et plus tard, que penseraient leurs enfants et petits-enfants si, après leurs morts, ils découvraient cette tête humaine dans l'armoire ? Ils pourraient être tentés de l'enterrer et de ne rien dire ou même de la jeter aux ordures. À moins qu'ils ne contactent la police ? Au seuil de leur existence, cette momie qu'ils ont secrètement conservée avec soin durant cinquante-cinq ans commence à devenir encombrante. Pour autant, même si le moment est venu pour eux de s'en séparer, il n'est pas question ni de la vendre ni d'en tirer un profit quelconque. Ils veulent simplement l'offrir à l'Histoire et transmettre à d'autres le flambeau hérité de Joseph Émile Bourdais et de sa sœur Mme Gaillard.

Côté sciences, une solide équipe pluridisciplinaire est constituée. Le protocole en vigueur pour ce type d'identification historique suit la même rigueur que pour un cas de médecine légale, et la froideur scientifique est de mise. Tous les acteurs de l'anthropologie médico-légale et de l'ostéo-archéologie sont recrutés : il faut donner un sexe, un âge au décès, une ancienneté, une origine ethnique, des caractéristiques physiques, une cause de décès, un état pathologique sous-jacent. Dans le même temps, il conviendra, avec le concours d'historiens, d'investiguer les techniques de moulages faciaux en vigueur aux XVIIe et XVIIIe siècles, mais aussi d'identifier les portraits les plus ressemblants à ceux du sujet supposé (Henri IV) et d'inventorier les masques funèbres. Enfin, il nous faudra répertorier les « reliques » dispersées (fragments corporels issus de la profanation du tombeau de Saint-Denis et pouvant ouvrir la voie à d'éventuelles confrontations génétiques ou biochimiques).

Le protocole prévu réunit donc plus de dix-neuf spécialistes différents (génétique, reconstitution faciale, analyses toxicologiques, étude olfactive, datation, anthropologie, etc.), reconnus par leurs pairs et ayant déjà travaillé par le passé sur des cas similaires (notamment pour l'authentification des restes d'Agnès Sorel et de Diane de Poitiers, ou l'étude des fausses reliques de Jeanne d'Arc, par exemple). Tous les membres de l'équipe travailleront bénévolement dans le cadre de leurs travaux de recherches. Selon les premières estimations, entre quatre et six mois seront nécessaires avant d'émettre un premier diagnostic sur ce patient anonyme, ce cadavre X. Dès le départ, comme tout au long de l'étude, il s'agit donc bien, simplement, de retrouver l'identité du « propriétaire » de cette tête, en toute objectivité et sans parti pris.

Un collectionneur passionné d'Histoire

Au téléphone, le dépositaire de la tête, Jacques Bellanger, s'était montré prudent : « Pour être franc, je ne peux pas vous affirmer à 100 % que je détiens bien encore cette relique. Nous habitons avec ma femme dans une résidence de seniors à Chartres. La caisse où l'on a entreposé "le monarque" est dans notre maison à Châteaudun. D'abord, il y a plus de dix ans, j'ai perdu la clé de l'armoire où nous l'avions rangée. Ensuite, cela fait plusieurs années que nous ne sommes pas revenus à notre domicile. On ne sait jamais, il y a peut-être eu un cambriolage.

Mais normalement, elle y est toujours. Vous pourrez venir la récupérer la semaine prochaine. »

M. et Mme Bellanger sont des retraités presque comme tous les autres, à ce détail près qu'ils ont une tête humaine empaillée dans leur grenier. Et personne n'est au courant, depuis cinquante ans, depuis qu'ils en sont devenus les dépositaires. Pas un ami proche ni même un membre de leur famille.

Toujours très alerte, Jacques Bellanger est, comme son épouse, un ancien fonctionnaire des impôts, l'un de ces passionnés tombé tout petit dans le bain de l'Histoire. Depuis l'adolescence, il s'intéresse aux vieux livres, aux vieux papiers et aux biographies d'hommes célèbres. Y compris, bien sûr, à celle du « Vert-Galant », ce roi qui a longtemps séjourné dans sa région natale près de Chartres où vivait Gabrielle d'Estrées, la favorite royale. M. Bellanger et sa femme connaissent la vie d'Henri IV jusque dans les moindres détails.

Leur aventure avec la tête commence quelques années après leur mariage. Les Bellanger tombent sur ce fameux article publié dans le magazine *Miroir de l'Histoire* en 1952 où Maurice Colinon raconte son entrevue avec la vieille sœur de Bourdais, Mme Gaillard. Intrigués par cette histoire de prétendue tête d'Henri IV, ils décident de se lancer dans l'aventure et de se rendre à Paris pour tenter de retrouver l'héritière de la relique. Quelques jours plus tard, ils font, obstinés et patients, du porte à porte à Montmartre, seule indication laissée par Colinon pour localiser la sœur de Bourdais. Coup de chance, une concierge finit par les aiguiller. Ils se retrouvent enfin devant l'entrée d'un immeuble, à proximité immédiate de la place du Tertre, juste à côté de l'ancienne adresse de Bourdais. La vieille dame les reçoit. Tout à leur excitation d'avoir mené à bien leur enquête, M. et Mme Bellanger lui proposent de lui racheter la tête. Mais Mme Gaillard refuse de se séparer de la momie, si précieuse pour son défunt frère.

Mme Gaillard est une dame très âgée qui vit dans une grande misère. Son « chez elle » se résume aux quelques mètres carrés d'un studio crasseux où s'entasse jusqu'au plafond une vie de souvenirs, de cadres vides et de bibelots inutiles. Rachitique, démunie, à moitié sénile, la vieille dame refuse pourtant de se séparer de la momie, quel qu'en soit le prix.

Mais Jacques Bellanger n'est pas homme à baisser les bras pour si peu. Avec sa femme, ils reviendront lui rendre visite à deux autres reprises. La dernière, en 1955, sera la bonne. À force de ténacité, la vieille dame a fini par comprendre. Ce jeune couple amateur d'Histoire veut reprendre le flambeau, continuer le travail de son frère et, par là même, réhabiliter sa mémoire et son combat. Les Bellanger lui en font d'ailleurs la promesse. Ils poursuivront les recherches. Rassurée, Mme Gaillard lâche prise et accepte. Pour donner un minimum de légalité à cette « transaction » insolite, Jacques Bellanger lui demande une facture. Pour plus de discrétion, la vieille dame se contente de noter le prix de 5 000 francs pour un lot comprenant en vrac, du linge, des tableaux... et « le crâne présumé d'Henri IV ».

La tête commence à prendre de la valeur. Acquise pour 3 francs en 1919, elle change de main trente-six ans plus tard pour quelques milliers de plus. Une misère, diront certains, une fortune pour le jeune fonctionnaire Bellanger qui va dépenser là l'équivalent de deux mois de salaire. Une petite folie en quelque sorte mais une folie discrète. Cela restera leur secret, se disent-ils, avec sa femme.

Durant des années, pour tenir la parole donnée à la sœur du brocanteur, les Bellanger sillonnent salles d'archives, bibliothèques et jusqu'aux musées qui détiennent des « reliques » d'Henri IV pour faire progresser leur enquête. Ils recherchent toutes sortes d'informations qui pourraient conforter l'hypothèse de l'identification du propriétaire de cette tête et leur permettre de retracer son itinéraire avant d'arriver entre les mains de Bourdais. Que s'est-il véritablement passé à Saint-Denis ? Qui ont été les principaux protagonistes des terribles scènes de pillages qui eurent lieu en 1793 ? Qui était vraiment Alexandre Lenoir ? Sans résultats. La science, à l'époque, ne pouvait rien non plus pour eux, les techniques d'authentification étaient encore inexistantes.

Jacques Bellanger était bien obligé d'œuvrer avec les moyens du bord, donnant lieu parfois à quelques scènes assez cocasses. Il a bien tenté, par exemple, dans les années 1970, de faire réaliser discrètement quelques analyses des reliques connues d'Henri IV. Assez vite en effet, il a pu dénombrer les restes du Bon Roy dispersées ici et là dans les musées. Au musée Tavet-Delacour de Pontoise sont ainsi conservés quelques poils de moustache d'Henri IV. Or son coiffeur, bien introduit chez L'Oréal, lui avait assuré que si elle disposait d'échantillons suffisants, l'entreprise de cosmétique serait en mesure de procéder à des comparaisons. Jacques Bellanger s'est donc adressé à la conservatrice du musée, laquelle l'a finalement reçu. Non sans un certain culot, il demande la permission de prélever un échantillon de ces poils de moustache, lui assurant la discrétion la plus complète. À force d'arguments, la conservatrice, une dame âgée, se laisse fléchir. Mais au moment de sortir les poils de son sachet, elle se cogne le bras contre une chaise et fait tomber par terre les précieuses reliques ! Après avoir tout soigneusement ramassé, sans rancune, elle remet un poil à Jacques Bellanger et lui serre la main en disant : « Monsieur, je vous salue avec les poussières de l'Histoire. » Malheureusement, chez L'Oréal, à qui Jacques Bellanger avait confié le poil de Pontoise et un autre pris sur la tête, tout ne se passa pas comme prévu : les scientifiques répondirent poliment (et sans doute honnêtement) que ce travail n'était pas dans leurs cordes... Telles étaient les impasses auxquelles Bellanger était confronté. La science se taisait.

Et puis il y a toujours ce témoignage encombrant d'Alexandre Lenoir mentionnant avoir vu le crâne d'Henri IV scié alors que celui retrouvé par Bourdais n'en porte aucune trace. Finalement les années aidant, les Bellanger relâchent leurs efforts. Le temps, l'âge et l'absence de résultats concrets ont eu raison de leur acharnement. Jusqu'à ce coup de téléphone d'un journaliste.

Dans une armoire de grand-mère

22 janvier 2010. De taille modeste, se déplaçant avec lenteur, Jacques Bellanger apparaît à la réception de la résidence de seniors avec un sourire malicieux et rayonnant. Vêtu d'un costume décontracté mais de bon goût, il semble bien portant malgré une démarche instable et surtout ravi de toute cette agitation. Il m'invite à le suivre dans son appartement, un deux-pièces cuisine avec balcon et vue imprenable sur la cathédrale de Chartres. Tout un symbole.

C'est ici même qu'Henri IV s'est fait sacrer roi de France le 27 février 1594, ce qui est d'ailleurs là aussi une anomalie de l'Histoire. En principe, les rois se faisaient sacrer à Reims. Mais la ville étant tenue par les ultra-catholiques de la Ligue qui contestaient son autorité et Paris n'étant guère plus accueillante, Henri IV jeta son dévolu sur Chartres qu'il venait de conquérir en douceur, sans pillages. À l'époque, le pays, ravagé par trente ans de guerre civile, est encore divisé entre les protestants retranchés dans leurs places fortes et les catholiques de la Ligue qui contrôlent des régions entières dont Paris. Henri de Navarre, ancien protestant fraîchement reconverti au catholicisme (pour la troisième fois) est l'héritier d'un trône de France qu'il va devoir reconquérir petit à petit, par la force et par la ruse.

Et puis Chartres présentait pour Henri IV un autre avantage. À proximité de la ville était située l'abbaye de Marmoutier, qui recelait un étonnant trésor... Pour sacrer un roi, il faut disposer de l'huile sainte, conservée dans la sainte ampoule de Reims, huile que l'on mêle au chrême liturgique pour les onctions. Depuis le IXe siècle, c'est la tradition. Selon la légende, cette ampoule aurait été apportée par une colombe descendue du ciel le jour du baptême de Clovis à la fin du Ve siècle. Chaque roi de France au moment de son sacre à Reims reçoit quelques gouttes du liquide miraculeux, qui ne tarit jamais et témoigne de l'attention bienveillante de Dieu pour la monarchie française.

Impossible pour Henri IV d'être sacré sans cette fameuse huile. Or, Reims est imprenable. Mais par bonheur (par miracle ?), on trouve une autre ampoule à l'abbaye voisine de Marmoutier dont quelques gouttes seraient plus anciennes encore que l'onction de Clovis. Et l'affaire fut faite.

Les Bellanger installés à l'arrière, la voiture de Pierre Belet s'ébranle de Chartres pour Châteaudun et plus précisément leur ancienne maison, inhabitée depuis deux ans. Arrivés à destination, premier soulagement : aucun volet ne semble ouvert, tout est fermé, pas de signe visible d'effraction. Au grenier, l'armoire sans clés où dort le « monarque » depuis cinquante ans est toujours là. Mais aucune clé du trousseau de secours que nous avions apporté ne fonctionne... Un serrurier, appelé en renfort, entreprend à son tour d'ouvrir l'armoire avec un trousseau de vieilles clés. En vain. Il tente alors de désosser la serrure sans ménagement à l'aide d'un pic et d'un marteau. Malgré un bruit infernal, il fait à nouveau chou blanc.

La situation devient cocasse. M. et Mme Bellanger, eux, s'amusent follement. Avec un demi-sourire et pour détendre l'atmosphère, le mari lance doucement : « Je crois que le contenant n'est pas d'accord pour sortir. » Sa femme sourit et reprend aussi sec : « J'y suis, j'y reste. » Le serrurier se retourne alors en lançant un regard suspicieux et interrogateur. Puis il se remet à la tâche et soulève l'un des battants de la porte, lequel sort de ses gonds en un instant et se retrouve dans ses mains... Ce n'était pas plus compliqué que cela. Immédiatement, un sourire en coin du propriétaire rassure : la caisse est toujours là, en bas à gauche, sa place depuis un demi-siècle.

Mission accomplie pour le serrurier, qui s'en va. M. Bellanger sort la caisse du coffre, la débarrasse du papier journal qui l'enveloppait. La boîte apparaît. Sur le couvercle, on distingue les lettres « Henri IV » gravées à même le bois et en dessous, à peine lisible, le nom de Bourdais et son adresse à Montmartre.

La caisse à présent ouverte, on ne voit qu'une vieille serviette qui enrobe ce quelque chose. Sur l'un des côtés du battant intérieur est accrochée la légion d'honneur d'époque Louis-Philippe, à l'effigie d'Henri IV. Jacques Bellanger rabat délicatement la serviette d'un côté, puis de l'autre. La tête apparaît alors, momifiée, bien conservée. Impressionnante.

L'instant est magique. Peut-être, un jour, deviendra-t-il historique ? Une chose est sûre, la prétendue tête d'Henri IV existe bel et bien. L'aventure peut commencer.

Jacques Bellanger regarde la relique en silence une dernière fois puis referme lentement la caisse. « Ce n'est pas sans un petit serrement au cœur que je s'en sépare, vous vous en doutez bien, mais c'est mieux ainsi. Vous allez reprendre le flambeau et peut-être aller jusqu'au bout. Et puis perdre sa tête à quatre-vingt-quatre ans, il y a pire vous ne trouvez pas ? »

Chapitre 3

La science entre en action

Prise de contact

Arrivé à Paris, le précieux colis est attendu dans un laboratoire de l'Assistance publique des hôpitaux de Paris pour subir un premier examen clinique. Le but : faire une description de son état de conservation pour déterminer quelles recherches ultérieures doivent être menées.

Délicatement manipulée avec des gants chirurgicaux, sortie de sa caisse puis débarrassée de la serviette éponge qui la protège, la tête subit un premier examen à l'œil nu. En pratique, elle est vraiment bien préservée. Il y a quelques longs poils de moustaches encore visibles, et de nombreux autres cassés à la racine, comme les cheveux, sombres. Le nez est tassé, écrasé, dévié sur le côté gauche, ce qui est assez fréquent sur les restes momifiés d'époque moderne, parce que les bandelettes dont ils étaient entourés finissaient par écraser les chairs (ici, la pointe cartilagineuse du nez).

La tête a une couleur d'un brun diffus, une bouche grande ouverte, les yeux mi-clos, dont presque tous les tissus mous sont conservés (muscles, vaisseaux, cartilages, phanères). Rien qu'en examinant de façon directe cette pièce anatomique, on peut en tirer quelques conclusions. D'abord, il s'agit d'un sujet masculin, puisqu'on a de la barbe et de la moustache, mais aussi une morphologie du crâne hyper-masculine, selon des critères anthropologiques (apophyses mastoïdes très marquées, empreinte nucale proéminente, arcades sourcilières bien visibles, prognathisme visible, ensellure nasale avec forte glabelle, etc.).

Ensuite, nous avons affaire à un individu adulte mature, pour ne pas dire sénile. Les pertes dentaires constituent – entre autres – un indice fort probant. L'individu de son vivant avait de graves problèmes de dentition. On peut lui compter pas moins de six abcès dont certains fort profonds (plus d'un centimètre de grand axe) ! Il ne lui reste plus qu'une dent encore en place au niveau du maxillaire et quatre au niveau de la mandibule. Tout le reste est tombé avant le décès, puisque l'os alvéolaire est totalement cicatrisé, et la gencive – toujours présente – recouvre totalement les anciennes dents perdues. Un point qui concorde avec le méchant détail physiologique que la postérité a retenu : l'horrible haleine du Vert-Galant, comparable à une odeur d'ail. On peut comprendre pourquoi…

On peut aussi se demander si l'individu ne portait pas des boucles d'oreilles, puisque le lobe de l'oreille droite, la seule qui reste (car l'autre semble avoir été arrachée), est percé, avec une patine évidente indiquant le port prolongé d'une boucle, un anneau manifestement. Un détail anatomique (et esthétique) auquel aucun de nous n'avait pensé. Il va donc falloir absolument savoir si Henri IV avait ou non l'oreille droite percée.

Enfin, on peut affirmer avec quasi-certitude que la tête a été séparée du reste du corps à l'aide d'une arme blanche, vraisemblablement un couteau ou un sabre, en tout cas un outil bien affuté. On voit assez clairement que le plan de section passe au niveau de l'extrémité inférieure du cou, entre deux vertèbres. Le « tortionnaire » s'y est tout de même pris en plusieurs fois (on observe trois sections par arme blanche), puisque plusieurs lambeaux de peau sont sectionnés mais de façon incomplète. Celui qui a fait ça n'est décidément pas un professionnel du bistouri...

Ce premier examen scientifique confirme aussi que cette pièce anatomique n'a pas eu le crâne scié. Se pose alors la question de la présence ou non d'orifices réalisés au niveau des os pariétaux. Est-il possible qu'on ait retiré le cerveau à ce défunt, puis qu'on l'ait embaumé par le moyen d'une trépanation, comme le faisait Guillemeau, ce praticien si proche d'Henri IV ?

En l'occurrence, à l'œil nu, il est impossible de se prononcer formellement. Même au poids, à l'aspect ou à l'odeur, il n'y a pas moyen de savoir si l'homme a été embaumé. Là va résider tout l'intérêt d'un scanner, et d'autres examens complémentaires. Pour plonger à l'intérieur de cette tête, pour plonger sous le scalp, sous le cuir chevelu qui nous cache le crâne.

L'étude paléopathologique promet d'être passionnante : rarement des restes aussi bien conservés sont disponibles pour une étude anthropologique, médico-légale et historique. Mais pour l'instant, rien ne permet encore de dire s'il s'agit – ou pas – d'Henri IV.

Scanner amer

Trois jours plus tard, rendez-vous est pris pour un scanner à l'hôpital de la Pitié-Salpêtrière à Paris dans le service du professeur Philippe Grenier. C'est le Dr Isabelle Huynh-Charlier, radiologue praticien hospitalier, qui est chargée de l'examen. C'est sur elle que repose la solution à cette énigme de trépanation et d'excérébration potentielle. Ce médecin est une habituée des examens paléoradiologiques ; dans ses mains (et sous ses rayons) sont déjà passés Agnès Sorel, Diane de Poitiers, sainte Afre et les fausses reliques de Jeanne d'Arc. Son protocole est rôdé. Le scanner fournira de la tête embaumée des coupes millimétriques puis une reconstruction en trois dimensions qui établira ou non de la présence d'une ouverture du crâne sous la peau.

La tête est installée sur la table, calée par des mousses. Elle regarde vers l'extérieur, à travers la fenêtre, la chapelle de la Pitié. Nous sortons tous. Les rayons X traversent alors le cuir séché de la momie et font découvrir l'intérieur qui s'affiche sur l'écran des moniteurs. Et là, surprises : d'abord, l'individu souffrait d'une cataracte droite ; son cristallin est hyperdense, comparativement au côté opposé. On apprend en outre qu'il était porteur d'importantes lésions d'arthrose évoluée sur toutes les vertèbres cervicales et qu'il avait des calcifications au niveau des artères cervicales de moyen et fort calibre (vraisemblablement des lésions athéromateuses). Rien que de très banal chez un patient cinquantenaire... Mais surtout, le cerveau est toujours bien présent, réduit à l'état d'un dépôt desséché de deux à trois centimètres d'épaisseur au fond du crâne (occipital).

Le cerveau de cet individu s'est donc totalement décomposé et rétracté à l'intérieur de la boîte crânienne ; la dure-mère, cette membrane fibreuse recouvrant l'encéphale et le cervelet, s'est détachée en lambeaux. C'est une sédimentation tout à fait naturelle : si les Anciens procédaient à une craniotomie pour retirer le cerveau au moment de l'embaumement, c'est qu'ils pensaient que la persistance du cerveau dans le crâne favorisait la putréfaction de la face. Au contraire, généralement, il se liquéfie puis sédimente spontanément au fond de la boîte crânienne, sans engendrer de désagrément particulier sur le plan extérieur. On peut même ajouter dans le cas présent que l'individu reposait sur le dos (décubitus dorsal) lorsque ces transformations *post-mortem* se sont produites.

Il reste qu'aucun élément ne témoigne d'un embaumement invasif : pas la moindre trace du moindre petit orifice de trépanation, ni du moindre sciage de la voûte. Le Dr Huynh-Charlier poursuit : « Il n'y a pas non plus de traces d'embaumement à l'égyptienne… » Autrement dit, pas de perforation des fosses nasales à l'aide d'un crochet aux fins d'extraction du cerveau par la base du crâne… La vérité de l'image est sans appel. Ce crâne n'est ni scié, ni trépané. L'hypothèse Henri IV ou dépouille appartenant à l'élite semble – de prime abord – perdre beaucoup de sa substance.

Pour autant, nous n'en sommes encore qu'au début du protocole scientifique et historique. Il y a encore beaucoup d'examens et de recherches à mener. Par ailleurs, ce serait un grossier raccourci que de croire que le sciage de crâne était systématique à la cour de France. Quand Agnès Sorel, la maîtresse officielle de Charles VII, meurt en 1450, les embaumeurs n'ont pas touché à son crâne. Tout comme Diane de Poitiers, la favorite d'Henri II, en 1566. Il arrivait que la famille demande à ce que l'on respecte le crâne du défunt, tandis que le reste du corps était préparé conformément aux usages. Il faut bien comprendre qu'il existe en effet des habitudes chirurgicales ou d'embaumement, mais qu'ensuite la famille et les proches peuvent émettre des requêtes particulières : ne pas ouvrir le crâne, ne pas pigmenter la peau, ne prélever que le cœur en laissant tous les autres organes en place…

Il faut néanmoins admettre une chose. À ce stade, il est radicalement impossible de se prononcer quant à l'identité précise du « porteur » de cette tête. La momie a tout autant de chance d'être celle d'un petit marquis de province embaumé à moindre frais, d'un cobaye pour apprenti embaumeur ou encore d'un individu *lambda* momifié naturellement que celle d'un roi de France. Le fait que son crâne n'ait pas été scié est un élément pour le moins perturbant, qui détonne dans l'ensemble des crânes sciés de la monarchie française. Mais un complément d'informations est nécessaire pour décider s'il s'agit véritablement d'un argument empêchant l'identification à Henri IV ou pas. En attendant, l'enquête continue sur d'autres champs de réflexion et d'analyse.

Faisant contre mauvaise fortune bon cœur, nous envoyons les coupes du scanner à un spécialiste de la reconstitution faciale (Jean-Noël Vignal), et nous préparons la tête pour des examens morphologiques : loupe binoculaire, puis fibroscopie. Cette dernière permettra d'effectuer des prélèvements au plus profond des cavités, dans le larynx et la trachée, en vue d'études génétique, biochimique, toxicologique et botanique.

Improbable rencontre

Les jours suivants, la tête déménage au musée d'histoire de la médecine, dans l'enceinte de l'université Paris-Descartes à Saint-Germain-des-Prés, pour y subir de nouveaux examens. La conservatrice du musée, Marie-Véronique Clin, nous ouvre ses portes pendant les heures de fermeture au public : cadre idéal car les nombreux traités médico-chirurgicaux nous sont laissés en accès libre, pour une consultation optimale. C'est le moment choisi pour la tenue d'une improbable rencontre. Jean-Pierre Babelon se présente. L'instant est insolite. Ce n'est pas courant d'organiser le face à face entre un biographe et son possible sujet d'étude, réunis malgré les quatre siècles qui potentiellement les séparent. Déjà, il a pu faire le point sur les premières questions soulevées lors de l'examen à l'œil nu : la dentition d'Henri IV et d'éventuelles boucles d'oreilles.

La caisse s'ouvre. Passé le premier recul puis un long silence, l'historien finit par murmurer : « Quand on voit l'objet de face comme ça, effectivement on s'aperçoit qu'il n'y a pas beaucoup de dents. Or Henri IV n'avait pas une bonne dentition. On sait qu'il a souffert des dents une bonne partie de sa vie et qu'il en a perdu en chemin. C'était certainement dû à son alimentation anarchique qui le rendait souvent malade. Maintenant, si cet individu était âgé au moment de son décès, il serait logique qu'il ait eu des problèmes de dentition car l'hygiène bucco-dentaire n'existait pour ainsi dire pas à ces époques. Perdre ses dents était fréquent. Surtout à cet âge. On ne peut rien en conclure. »

« En ce qui concerne les boucles d'oreilles, j'ai vérifié dans mes archives et je n'ai pas trouvé de portraits d'Henri IV représenté avec. En revanche, son père, Antoine de Bourbon, en portait, ainsi qu'Henri III, le dernier roi Valois, connu pour son apparence efféminé. Ce dernier adorait les bijoux, comme les fameux mignons de son entourage, et tout le monde à l'époque faisait de même. Cela se voit sur les tableaux montrant les fêtes à la Cour. C'est d'ailleurs l'une des rares périodes de l'Histoire où les hommes portaient des boucles d'oreilles, car le peuple comme l'Église n'appréciaient pas cette représentation de l'homme. Mais rappelez-vous qu'avant de devenir roi de France, le jeune Henri était roi de Navarre. Il a vécu à la cour des Valois dans sa jeunesse d'abord, puis après son mariage avec la reine Margot. Comme tout le monde, il a dû succomber à la mode du moment et mettre lui aussi des boucles d'oreilles. »

La piste n'est donc pas complètement à exclure. D'autant que sur un nombre significatif de portraits, l'oreille droite n'est pas visible, soit que c'est le profil gauche qui est représenté, soit que les oreilles sont cachées par les cheveux. Il faut continuer à fouiller les archives. Si nous finissons par découvrir ne serait-ce qu'une seule représentation du Bon Roy doté dudit bijou dont nous n'aurions pas eu connaissance, ce point ne constituerait plus un obstacle à l'identification.

Dans l'intimité de la momie

La journée est ensuite consacrée à l'observation minutieuse de la momie, à la recherche d'indices. Le premier examen se fait à la loupe binoculaire, un outil à faible grossissement mais qui permet une perception en relief. Comme n'importe quel médecin examine son patient intégralement, dans les moindres détails, au premier rendez-vous. Ce sera aussi l'occasion de vérifier (et de corriger peut-être ?) les observations faites autrefois par Joseph Émile Bourdais.

Tout d'abord, la cicatrice à la lèvre existe-t-elle vraiment sur cette momie ? Nous savons qu'Henri IV en avait une, résultat de l'une des très nombreuses tentatives d'assassinat du monarque, celle perpétrée par Jean Châtel en 1594. La lèvre fendue et une dent en moins, Henri IV en réchappe de peu. Maître dans l'art de communiquer et soucieux de rassurer l'opinion, il fera publier le soir même un bulletin (l'ancêtre du communiqué de presse) où il précise « qu'il y a si peu de mal que pour cela, je ne me mettrai pas au lit de meilleure heure ».

Ce que ne dit pas Henri IV, mais ce qu'a consigné l'un de ses chroniqueurs, Pierre de l'Estoile, c'est que son chirurgien a tenté de lui recoudre la bouche avec deux points de suture. Mais le premier fut si douloureux qu'il refusa le second et garda jusqu'à sa mort une vilaine balafre. Quant à Jean Châtel, il fut soumis à la question (formule consacrée pour désigner les tortures les plus barbares), avant d'être écartelé. Certains de ses proches seront pendus et tous les Jésuites de France – considérés comme instigateurs de la tentative de régicide – bannis du royaume.

Joseph Émile Bourdais le brocanteur croyait donc voir la marque de cette blessure sur la lèvre supérieure droite. Mais avec la loupe binoculaire, à cet endroit, on ne remarque rien, hormis un simple petit bourrelet et une large section de la peau au niveau de la face latérale droite du cou. Rien à voir avec une blessure, Bourdais s'est mépris : il s'agit d'une trace de la décollation, donc survenue bien après la mort de l'individu.

De l'autre côté en revanche, au niveau de l'hémi-maxillaire gauche (mis à nu par un défaut cutané en regard), on remarque sur une lésion osseuse, une zone d'os anormal (une ostéoproduction de moins de un centimètre), qui pourrait très bien correspondre à la cicatrice d'une blessure ancienne, c'est-à-dire faite bien avant le décès. Mais la trace est à gauche du visage et non pas à droite. Vérification faite, aucun des chroniqueurs de l'époque ayant relaté l'événement ne précise autre chose qu'une blessure à la lèvre supérieure et une incisive centrale qui aurait sauté. Cette lésion osseuse constitue un premier indice fort. Elle est compatible avec la marque qu'aurait pu laisser une blessure au couteau et la cicatrisation hypertrophique implique que le coup a été porté bien avant la mort.

L'observation continue et se concentre maintenant sur le nez de la momie. Une autre anomalie saute aux yeux : une protubérance, une volumineuse formation cutanée noirâtre, « en chou-fleur » qui fait un petit peu plus d'un centimètre, avec un aspect légèrement grumeleux. Elle présente une couleur très pigmentée, bien plus foncée que celle de la peau adjacente. L'aspect est tout à fait celui d'un « poireau », ces gros grains de beauté très foncés, un peu hypertrophiques, parfois poilus, que portent certains sur le visage ou ailleurs.

Cette deuxième lésion est très intéressante, car Henri IV avait bien un gros grain de beauté à la base du nez. Il était si protubérant que les artistes ne pouvaient pas l'ignorer en représentant le monarque, sauf à jouer sur la perspective (portrait de profil gauche, par exemple) pour l'occulter. On le retrouve ainsi sur des dizaines de peintures, gravures et sculptures, de toutes les époques, et même encore sur les tirages anciens du masque mortuaire d'Henri IV. Ce détail anatomique est par ailleurs si connu qu'il figure sur la nouvelle statue équestre de Henri IV par Lemot, inaugurée sur le Pont-Neuf le 25 août 1818 en remplacement de celle abattue lors de la Révolution ! Et il se trouve que le « poireau » de cette momie correspond tout à fait, tant par l'emplacement que par la taille.

Pour autant, avoir un tel grain de beauté à cet endroit du visage n'est pas unique, et ne constitue pas un élément d'identification. Dès le départ de cette enquête scientifico-historique, on comprend déjà que le résultat définitif ne pourra être porté que sur une conjonction d'arguments en faveur ou en défaveur de tel ou tel individu.

En poursuivant l'observation, on relève aussi la présence de traces blanchâtres adhérentes à la peau de la momie, essentiellement sur la partie antérieure de la tête, le visage, et que Bourdais avait identifiées comme étant des traces de plâtre. Il faudra en faire analyser la composition. Cela pourrait bien être du plâtre, en effet, un résidu laissé par le masque mortuaire réalisé sur le visage d'Henri IV en 1610, avant que les traits ne s'altèrent… Sauf que des moulages faciaux *post-mortem*, il y en a eu des milliers, pour ne pas dire plus ! Réservés à l'élite, ils permettaient de conserver pour la postérité les caractéristiques physiques du défunt.

C'est alors que nous revient de loin une légende tenace prétendant qu'un certain Compérot, mouleur, réalisa un masque mortuaire sur la dépouille d'Henri IV au moment des exhumations de 1793 (à Saint-Denis). Joseph Émile Bourdais, lui-même, prétendit en avoir fait faire un autre dans les années 1930. On ne l'a jamais retrouvé, mais du moins l'écrit-il dans son livre. Leur analyse par le toxicologue de l'équipe, le Dr Joël Poupon, va donc permettre de vérifier la nature précise de ces résidus et, éventuellement, de les dater puisque la composition du plâtre varie selon les époques.

Enfin, il reste cette sorte de « tatouage » à la base du cou, d'une couleur noire intense (parfois avec des reflets bleutés, en fonction de la luminosité). C'est ce détail qui avait convaincu Bourdais d'acheter la tête aux enchères à Drouot en octobre 1919. Ce jour-là, en voyant la momie, il s'était rappelé d'un article. Il y avait lu que les révolutionnaires avaient constaté la présence de ce détail lors de l'ouverture du cercueil d'Henri IV. Tout le corps était recouvert de cette texture bleutée et la foule s'interrogea sur l'origine d'un tel mystère. Ce point reste assez énigmatique, car Bourdais semble être le seul à le relever. D'autant que, malheureusement, après avoir passé en revue des dizaines de numéros de *La Ruche française*, on ne trouve pas de trace de l'article qu'évoque le brocanteur. A-t-il jamais existé ? Une autre légende a bien couru au XIXe siècle, selon laquelle Henri IV se faisait tatouer en souvenir de ses maîtresses, et que cette marque noire aurait été un moyen jeter un voile pudique dessus… Mais il n'est est rien évidemment !

Reste à tenter d'en expliquer la présence sur la momie. Cette pigmentation peut être la trace d'un produit d'embaumement, même si une telle pratique n'a jamais été observée jusqu'à présent. Pour éclaircir ce point, il faudrait découvrir le nom de l'embaumeur d'Henri IV, et vérifier la technique qu'il employait, notamment s'il utilisait un pigment sur la peau ou s'il recouvrait la dépouille d'un produit spécifique (à l'exclusion de la tête, la pigmentation s'arrêtant de façon très nette à quelques centimètres de la base du crâne). À ce stade de l'enquête, cette information manque encore. Mais, au même titre que les dépôts blanchâtres, la composition de ces pigments sombres sera analysée pour tenter d'en savoir plus.

L'étape suivante va consister à faire subir au « patient » une fibroscopie. Une fibre optique unie d'une petite caméra est introduite dans la bouche, pour explorer celle-ci ainsi que le fond de la gorge, puis dans la trachée, par le bas, pour examiner les cordes vocales. Le but de l'opération : faire un état des lieux de structures anatomiques, rechercher d'éventuels dépôts de produits d'embaumement, et faire des prélèvements pour les examens élémentaires (toxicologiques), microscopique et génétique. On cherche notamment à savoir si des traces d'épices, d'aromates, mais aussi de métaux lourds (plomb, mercure, arsenic) ou de produits minéraux, ayant pu être utilisés par des embaumeurs, sont encore identifiables dans ces cavités. Cette exploration permet en outre de confirmer la très bonne préservation des organes internes, notamment de l'œsophage, de l'oropharynx, de la trachée et des cordes vocales. Dernier détail : au regard de sa cloison nasale déviée et des cornets hypertrophiques, il souffrait au moment du décès de rhinite chronique, et ronflait très vraisemblablement (tout du moins devait-il avoir une respiration peu discrète)...

Mais pour ce qui est de trouver des traces d'un embaumement, les premiers résultats (à l'œil du seul fibroscope) sont plutôt décevants. On ne trouve rien. Pas de résidus macroscopiques métalliques, ni végétaux. Les prélèvements à l'intérieur de la bouche et des narines permettront de rechercher d'éventuels produits d'embaumement, mais en l'état, il est impossible de dire pourquoi cette momie est aussi bien conservée. Comment, alors, percer le mystère de cette momification ? Il reste encore un moyen. Si les produits d'embaumements ne peuvent pas se voir, ils peuvent peut-être encore se sentir. Ce sera l'objet du prochain examen.

Les nez dans la momie

C'est dans l'univers high-tech d'un laboratoire de parfumeur que nous allons trouver les spécialistes, pour leur faire sentir la tête. L'entreprise IFF (*International Flavor and Fragrances*) nous ouvre ses locaux pour y réaliser plusieurs examens du protocole scientifique. Vu de l'extérieur, leur bâtiment de Neuilly-sur-Seine ressemble à n'importe quel immeuble de bureaux. Mais une fois à l'intérieur, vous entrez dans un univers luxueux au décor soigné, presque futuriste. Ici, pas de plantes dans les couloirs, interdiction formelle de fumer, de porter du parfum, de manger, d'ouvrir les fenêtres. Ici travaillent les plus grands noms de la parfumerie, les fameux « nez », les créateurs de parfums et de saveurs. Aucune odeur extérieure ne doit venir perturber l'atmosphère. Afin, donc, que l'examen se déroule dans des conditions optimales, il est demandé à toute l'équipe de bien veiller à ce que les habits soient propres et surtout sans odeur de tabac, encore moins de parfum ni de déodorant.

Deux expériences ponctuent la journée. Tout d'abord ont été sollicités deux nez de parfumeurs parmi les plus célèbres. Sylvaine Delacourte (maison Guerlain) et Jean-Michel Duriez (Jean Patou/Rochas) sont capables de reconnaître des milliers d'odeurs, parfois vieilles de plusieurs siècles. Leur mission : identifier les produits d'embaumement utilisés sur cette tête. À l'époque d'Henri IV, chaque embaumeur avait sa propre recette, qu'il mettait en pratique sur une gestuelle commune d'éviscération, soigneusement répertoriée dans de vieux manuscrits ou publiée dans un ouvrage de médecine ou de chirurgie.

On demande donc aux nez d'identifier des espèces végétales ayant pu être utilisées au cours des soins d'embaumement, mais sans les guider ni les influencer. On pense à de l'encens, du poivre, de la menthe, de la marjolaine, du myrte, du gingembre, du cerfeuil, du fenouil, du fenugrec, etc. Mais aussi aux essences de bois utilisées pour le cercueil (chêne, cèdre, etc.). Retrouver les produits pourrait permettre de mettre un nom sur le praticien, et, du coup, de vérifier s'il était au service du roi.

Les nez investissent donc la momie et un échantillon témoin, une autre préparation anatomique (un corps du XIIIe siècle autopsié puis conservé à l'aide de mercure et de cire) et se mettent à les renifler soigneusement. La caisse et le linge éponge qui enveloppaient la tête Bourdais font aussi l'objet de leur attention. La situation ne manque pas de pittoresque, surtout quand on sait que le présumé propriétaire de cette tête était un souverain réputé pour son hygiène défaillante. Baptisé avec une gousse d'ail dès sa naissance, Henri IV adorait les odeurs fortes, et détestait se laver. Éternel impatient, il estimait que faire ses ablutions était une perte de temps et il n'était pas insensible aux odeurs animales. Il lui arrivait parfois de demander à ses maîtresses de ne pas se laver avant une rencontre galante. L'une d'elles, Henriette d'Entragues, faisait courir les pires rumeurs sur Henri IV qui selon elle « puait comme une charogne ». Au XXIe siècle, les nez ne recherchent pas ces vieilles odeurs forcement disparues, mais des produits d'embaumement normalement odorants et résistants.

À voir leurs visages, cela n'a pas l'air si évident. « La première tête, commente Jean-Michel Duriez, celle du témoin, celle dont le crâne est ouvert, dégage des odeurs très fortes. Elle sent le fumé, un des procédés de conservation courant. Pour la deuxième tête en revanche, ce n'est pas extrêmement puissant, un peu plus dans le bas du visage, près des chairs du cou ainsi que dans la cavité buccale. Ce n'est pas une odeur désagréable, une odeur plutôt chaude.

– Ça sent même plutôt bon, enchaîne Sylvaine Delacourte. Je trouve que ça sent la poussière, et que ça sent un peu le vieux livre. Comme un cuir sec, un cuir un peu poudré, un peu animal.

– On va se rejoindre là-dessus, parce que moi je trouvais un peu de cuir aussi, comme une odeur de bibliothèque... une odeur d'histoire finalement.

– Je rajouterai même une impression de cire, comme ce que l'on peut utiliser pour nettoyer les meubles. »

Quoi d'étonnant, finalement, puisque le « monarque » a séjourné pendant cinquante ans dans l'armoire des Bellanger, dans une caisse entourée de livres et de vieux papiers ? C'est donc surtout une odeur de maroquin qui domine, c'est-à-dire une odeur de vieux livre en reliure de peau tannée, transformation physiologique d'une peau (qu'elle soit humaine ou animale) au cours du temps, sous l'effet oxydant de l'air. Cette peau ne se putréfie pas, elle se dessèche, se tanne, se patine, interagit avec le milieu ambiant en absorbant en partie l'odeur de celui-ci.

Quant à d'éventuelles odeurs de produits d'embaumement, les nez n'en trouvent aucune. Du moins, pas d'odeur d'épices ou d'aromates, ni encore de baume. Car qui dit embaumement, dit utilisation de baumes comme de la gomme de styrax et de laudanum. Ces matières premières, d'ailleurs régulièrement utilisées en parfumerie, sont très anciennes. On les utilisait déjà du temps des Égyptiens et des momies. Ils vont même jusqu'à dire que, pour eux, il n'y a pas de rajout de l'homme sur la pièce anatomique, comme si le processus de momification s'était fait naturellement. Pour autant, tempèrent-ils, il est tout à fait possible que les odeurs se soient estompées sous l'effet du temps. Tout dépend du lieu et de la manière dont la tête a été conservée. Sachant que cette momie a été exposée plusieurs dizaines d'années à Montmartre puis à Dinard, c'est même tout à fait envisageable : il y a de quoi éventer cette pièce anatomique qu'on pourrait imaginer primitivement chargée d'odeurs fortes destinées à lutter contre celles de la décomposition.

Une deuxième expérience est alors tentée avec un détecteur de particules très perfectionné, capable d'identifier des milliers de molécules volatiles (*head space*). Là où les nez humains ont échoué, la machine sera peut-être plus performante pour trouver ces fameux produits d'embaumement. L'un des chimistes d'IFF, le Dr Dominique Favier, est à la manœuvre. À partir de plusieurs échantillons prélevés sur la tête, le détecteur analyse en quelques heures toutes les odeurs repérées par leurs traces moléculaires, qui s'affichent sur son écran d'ordinateur. Malheureusement, le résultat n'est pas plus concluant que celui obtenu par les nez. Il n'y a aucune trace d'un ajout de substance végétale pouvant témoigner d'un éventuel embaumement. Les seules odeurs détectées sont des dérivés de sulfurés, provenant de l'altération des tissus humains. Ce résultat ne fait que conforter la conclusion des nez et ne nous avance en rien dans notre processus d'identification...

En pratique : soit cette tête n'a pas été embaumée et nous aurions donc affaire à une momification spontanée ; soit elle a été embaumée, sans ouverture du crâne, mais les produits utilisés pour ce faire ne sont (presque) plus identifiables. De toute façon, cela rend notre entreprise plus difficile car il s'avère impossible de rattacher cette momification à une référence classique et connue. Nous devons chercher encore.

Chapitre 4

Le tour de France des reliques

À la recherche de l'ADN

Il est temps maintenant de faire parler l'ADN. Charge à l'équipe scientifique de comparer l'empreinte génétique de la momie avec celle d'autres reliques supposées d'Henri IV conservées dans différentes institutions à travers la France. La similitude d'une signature ADN entre des restes dispersés d'Henri IV (au moins une relique authentifiée) et la tête embaumée serait un argument supplémentaire d'identification de cette tête comme étant celle du roi.

Dans le service de médecine légale du CHU de Garches, des prélèvements de tissus (peau et muscles du cou) sont effectués. Un autre échantillon est prélevé en profondeur de la trachée, c'est-à-dire à l'intérieur même de la tête. Là, l'ADN devrait y être le moins « pollué », moins contaminé par de l'ADN moderne contenu dans les cellules épithéliales des individus ayant touché, manipulé, transporté, palpé cette tête sans protection (gants) au cours du temps. Les échantillons prélevés serviront aussi à une analyse élémentaire (toxicologique) et à une datation au carbone 14 de la momie.

Mais si le recours à l'analyse ADN est devenu monnaie courante au XXIe siècle, il reste particulièrement délicat sitôt qu'il s'agit de restes anciens... La molécule d'ADN est en effet extrêmement fragile. Elle supporte mal l'humidité, l'ancienneté, ainsi que le soleil et les ultraviolets. Or, notre momie ne vient pas d'une pyramide d'Égypte, conservée sous terre, à l'abri de l'air et de la lumière pendant des siècles. C'est au contraire une momie « baladeuse », qui a changé de mains à de nombreuses reprises. Quand on retrouve de l'ADN sur ce genre de restes anciens, il faut se considérer comme extrêmement chanceux, car assez fréquemment, l'extraction est négative... ou contaminée par de l'ADN moderne (celui de l'archéologue, du profanateur, du collectionneur, voire celui du médecin légiste, qui travaille sur ces restes).

Pour mettre en œuvre ces comparaisons génétiques, encore faut-il pouvoir faire des prélèvements sur les reliques connues d'Henri IV. Rapidement, nous entamons les démarches pour obtenir des échantillons de fragments corporels supposés du roi. Et elles s'avèrent d'abord laborieuses. Les musées et institutions qui en possèdent n'ont pas pour habitude de laisser grignoter une partie de leurs collections, fussent-elles humaines, sans de bonnes raisons. Leur patrimoine est inaliénable et ce principe ne souffre aucune exception.

Mais grâce au soutien de l'historien Jean-Pierre Babelon, de Monseigneur le prince Louis de Bourbon, représentant de la famille, et de Jacques Perot, président de la Société Henri IV, les portes de plusieurs institutions détentrices de reliques d'Henri IV s'ouvrent et la totalité des conservateurs se montrent disposés à nous aider.

Casse-tête administratif

Plusieurs cibles sont pointées sur la carte de France.

Tout d'abord, la plus proche de Paris : la basilique de Saint-Denis. Dans la crypte, la chapelle des Princes conserve derrière une grille de fer des restes aristocratiques liés à la branche des Bourbons, et des restes royaux restitués à Louis XVIII au moment de la Restauration : notamment des fragments du cœur de Louis XIII et de Louis XIV, mais aussi une boîte en vermeil contenant théoriquement un ongle et un morceau du corps d'Henri IV. En réalité, personne ne sait réellement ce que renferme ce « reliquaire », toujours scellé depuis le XIXe siècle.

Normalement, les reliques de la basilique Saint-Denis sont la propriété des descendants de la famille des Bourbons puisque nous sommes dans leur caveau, un lieu privé, et qu'il s'agit de restes de leurs ancêtres. Les autorisations pour faire ouvrir le reliquaire et vérifier son contenu ne devraient donc pas être trop compliquées à obtenir. Le chef de la maison de Bourbon a d'ailleurs donné son accord pour mener à bien les tests nécessaires. Et pourtant, nous ne sommes pas au bout de nos peines... En effet, tous les cercueils et reliques de la basilique de Saint-Denis sont considérés comme des objets mobiliers (!) placés sous la responsabilité de l'État, au même titre que le reste du monument.

Mais qui dans ce cas peut prendre la décision d'autoriser ce prélèvement ? L'administrateur de la basilique, Patrick Monod, aimerait bien nous aider mais avoue que pour obtenir les autorisations, il faut s'attendre à devoir affronter un casse-tête juridique sans nom, nécessitant de remonter, sans doute, jusqu'au conseil d'État. Les reliques conservées à Saint-Denis sont en effet à la fois un objet archéologique, des pages d'une histoire familiale et des objets mobiliers qui appartiennent à l'État au titre des collections de la basilique. Et Saint-Denis étant à la fois un édifice national dépendant de l'État, classé à l'inventaire des Monuments historiques, une église et une nécropole familiale, les partenaires – et donc les contraintes administratives – sont démultipliés d'autant.

Refroidis par de tels obstacles, nous abandonnons la piste de Saint-Denis et la recherche s'oriente vers un autre fragment corporel d'Henri IV. Et pas n'importe lequel : le cœur. Ce qu'il en reste est conservé au prytanée militaire de La Flèche qui, depuis le règne d'Henri IV, est dévolu à l'instruction. D'abord religieux, les étudiants sont aujourd'hui des militaires.

À l'origine du Prytanée, c'est Henri IV qui décida de transformer l'ancien château de sa grand-mère, la duchesse d'Alençon, pour en faire un collège. Les liens d'Henri IV avec la ville de La Flèche remontent donc à son enfance, lorsqu'il y passa quelques jours en février 1576. La Flèche est la capitale du petit duché de Beaumont que son père, Antoine de Bourbon, a hérité de sa propre mère, Françoise d'Alençon. Certains disaient que le futur Henri IV y avait été conçu ce qui paraît chronologiquement impossible ; la conception a bien plus vraisemblablement eu lieu à Abbeville où son père avait rejoint Jeanne d'Albret, le 13 mars 1553, neuf mois exactement avant la naissance d'Henri. En 1603, après avoir décidé de rappeler les Jésuites en France qui en avaient été chassés suite à l'attentat de Jean Châtel en 1594, Henri IV leur fait don du château, magnifique domaine de seize hectares, devenu alors noviciat et collège destiné à éduquer la noblesse du royaume. Il souhaitait offrir un lieu où l'on puisse « instruire la jeunesse et la rendre amoureuse des sciences, de l'honneur et de la vertu, pour être capable de servir au public... » Les Jésuites étaient en effet réputés pour la qualité de leur enseignement. Cela fera dire plus tard à Descartes qui en avait été l'un des premiers pensionnaires en 1607 : « J'étais dans l'une des plus célèbres écoles de l'Europe. »

Très attaché à la ville, Henri IV avait exprimé le désir que son cœur et celui de la reine y soient inhumés. Et après le régicide, la première véritable inhumation d'une partie de la dépouille du roi, si l'on excepte celle de ses entrailles, fut précisément celle de son cœur à La Flèche. Le 15 mai 1610, tout juste prélevé sur le cadavre que l'on venait d'autopsier, on trempa le cœur du roi dans de l'esprit-de-vin et de l'huile de térébenthine. Il fut enveloppé dans une toile cirée avec des aromates et placé dans une urne de plomb, insérée dans un cœur en argent. C'est cette relique qui fut remise par le prince de Conti au père jésuite, Barthélemy Jacquinot, supérieur de la Maison de Saint-Louis, rue Saint-Antoine à Paris. Avec quatre autres jésuites, accompagné de deux gentilshommes portant des flambeaux, le père Jacquinot le porta jusque dans le carrosse du roi, celui-là même où avait été perpétré le régicide et qui fut également utilisé pour le transfert du royal organe jusqu'à La Flèche. Les jésuites du collège le déposèrent le 16 mai vers vingt heures dans un réceptacle érigé dans la chapelle de la Maison de Saint-Louis. Trois jours plus tard, il était exposé à la vue du peuple, placé sous un pavillon à droite du grand autel.

Ce n'est que le 31 mai que l'escorte et le cœur prirent la route de La Flèche. Plus de mille cavaliers accompagnèrent le convoi jusqu'à Bourg-la-Reine. Quatre cents suivirent jusqu'à La Flèche. Le cortège, encadré par Hercule de Rohan, duc de Montbazon, celui dont l'habit avait été percé du troisième coup de couteau de Ravaillac, et Fouquet de la Varenne, gouverneur de La Flèche et contrôleur général des postes, arriva à La Flèche le vendredi 4 juin après un voyage pluvieux… Partout la population en larmes s'incline devant le cœur du roi. Une immense procession accueille le cortège à La Flèche. Les récits du temps décrivent l'importance des décors créés pour l'occasion et relèvent les nombreuses inscriptions et devises que l'on avait demandées aux élèves. Sur l'estrade, devant l'autel, le duc de Montbazon remet au héraut royal le cœur du roi et celui-ci de dire par trois fois d'une voix forte : « Yci gist le Cœur de Henry IIII, Très haut, Très puissant & Très chrestien roy de France & de Navarre. »

À la Révolution, le 29 septembre 1793, les armées de l'Ouest saccagèrent le collège et les cœurs d'Henri IV et de Marie de Médicis furent brûlés. Heureusement, un chirurgien fléchois, Charles Boucher, en recueillit dans un flacon un morceau de chair calcinée qui fut replacé dans le monument de la chapelle à la Restauration. Un temps transformé en cordonnerie, le Prytanée redevint une école, militaire cette fois, sous Napoléon Ier en 1801.

Aujourd'hui, l'ensemble du Prytanée dépend du ministère de la Défense et le contact avec la direction du collège militaire s'avère aussi compliqué qu'à Saint-Denis. La demande officielle de prélèvement est vite examinée par la grande muette. Interdiction d'ouvrir le reliquaire et de prélever quoi que ce soit. En *off*, un contact précise qu'en réalité, personne à La Flèche n'a envie que l'on vienne examiner le contenu du reliquaire. Qui sait ce que l'on va trouver dedans ? L'histoire entre Henri IV et la ville de La Flèche est belle. Il ne faudrait pas la gâcher en constatant que ce reliquaire est tout simplement vide… ou garni d'un contenu bien différent du cœur !

Il ne reste donc plus que les musées à convaincre, celui de Châteauroux (poils de moustache), celui de Pontoise (dent, doigt, cheveux) et le château de Pau (encore de la moustache). Et là, les démarches sont plus simples. Les musées dépendent de la commune, donc du maire, ainsi que du conservateur en charge des collections. Il n'y a finalement que deux personnes à gagner à notre cause. Grâce à la bienveillance des conservateurs, les portes s'ouvrent sans difficultés. Au château de Pau, les formalités sont encore plus simples. Jacques Perot en fut autrefois le conservateur en chef et Jean-Pierre Babelon est un habitué des lieux en sa qualité de président d'honneur de la Société Henri IV. C'est le départ pour nous d'un voyage insolite à la rencontre des restes dispersés d'Henri IV.

Le reliquaire de Vivant Denon

La première halte dans ce tour de France des reliques d'Henri IV commence à Châteauroux, au musée-hôtel Bertrand qui expose des collections d'art napoléonien, d'archéologie, d'art décoratif ou contemporain. C'est là que l'on trouve le graal de la relique profane, le reliquaire gothique de Vivant Denon, l'une des plus belles pièces du musée selon sa conservatrice.

Denon, le fondateur du musée du Louvre, était en effet connu pour être un grand amateur de reliques. Laissons à Anatole France le soin d'évoquer Dominique-Vivant Denon (1747-1825) :

> « *9, quai Voltaire. C'est là qu'après la chute de l'Empire, Dominique Vivant-Denon, ancien gentilhomme de la chambre du roi, ancien attaché d'ambassade, ancien directeur général des Beaux-Arts, membre de l'Institut, s'était retiré avec ses collections et ses souvenirs. Il avait rangé dans des armoires faites par Boulle pour Louis XIV les marbres et les bronzes antiques, les vases peints, les émaux, les médailles curieuses recueillies pendant un demi-siècle de vie errante et curieuse [...]. Aux murs un beau paysage de Ruysdael, le portrait de Molière par Sébastien Bourdon, un Giotto, un fra Bartolomeo, des Guerchin, fort estimés alors. L'honnête homme qui les conservait avait beaucoup de goût et peu de préférences [...], il gardait des porcelaines de Chine et des bronzes du Japon [...]. Possédant un beau reliquaire du* XV*[e] siècle,*

il l'avait enrichi de reliques nouvelles : un peu de la cendre d'Héloïse, une parcelle de ce beau corps d'Inès de Castro, quelques brins de la moustache d'Henri IV, des os de Molière et de La Fontaine, une dent de Voltaire, une mèche de cheveux de l'héroïque Desaix, une goutte du sang de Napoléon recueillie à Longwood[1]. »

Anatole France montre ici cet homme étonnant, petit gentilhomme bourguignon avant tout hédoniste et dilettante, artiste curieux de tout, ayant traversé avec bonheur le siècle des Lumières qui le vit diplomate, graveur, auteur d'un incroyable roman libertin (*Point de lendemain*) et déjà collectionneur. Ayant participé à l'expédition d'Égypte, il en tirera le *Voyage dans la Basse et la Haute-Égypte pendant les campagnes du général Bonaparte,* ouvrage superbe qui contribua à révéler l'art égyptien en France. Bientôt honoré de la confiance de l'Empereur, il fit du Louvre le musée Napoléon aux collections encyclopédiques et qu'il tenta de préserver après la chute de l'Empire et les réclamations de retour des puissances alliées. Comme l'a écrit Marie-Anne Dupuy, « Denon n'a cessé d'accumuler les souvenirs. Ils lui donnent l'occasion de distiller les épisodes de sa vie. » On remarquera que parmi les reliques que Denon voulait bien présenter à ses visiteurs figuraient des poils de moustache d'Henri IV.

Ce n'est qu'après sa mort, en 1825, que ses enfants découvrirent l'existence du précieux reliquaire. En son sein, il exposait donc son échantillonnage de restes illustres : fragments d'os du Cid et de Chimène trouvés dans leur sépulture à Burgos ; fragments d'os d'Héloïse et Abélard, extraits de leurs tombeaux au Paraclet ; cheveux d'Agnès Sorel, inhumée à Loches, et d'Inès de Castro, à Alcaboça ; fragment du linceul de Turenne ; fragments d'os de Molière et de La Fontaine ; cheveux du général Desaix ;

1. « Le Baron Denon », *La Vie Littéraire*, 3e série, Paris, Calmann-Lévy, 1912.

signature autographe de Napoléon et autres souvenirs impériaux (morceau ensanglanté de la chemise qu'il portait au moment de sa mort, mèche de cheveux ; feuille du saule recouvrant sa tombe à Ste Hélène). Et ce pour quoi nous sommes là, une « partie de la moustache d'Henri IV, roi de France, qui avait été trouvée entière lors de l'exhumation des corps des rois à Saint-Denis en 1793 » (aucunes de ces reliques, hélas n'a, avant nous, fait l'objet d'une étude scientifique en bonne et due forme).

Ces quelques poils, comme une bonne partie des échantillons non napoléoniens, proviennent, selon Michèle Naturel, la conservatrice du musée, des collections du conservateur Alexandre Lenoir, lui-même grand amateur de reliques. Il les avait stratégiquement offerts à Vivant Denon. La relation entre les deux hommes était en effet complexe. Ils étaient les meilleurs ennemis du monde. Bien que tous deux *frères* francs-maçons, l'un dirigeait le Louvre, et l'autre le musée des Monuments français (qui disparaîtra en 1816 au retour de la monarchie), c'est-à-dire les deux premiers musées français. La compétition entre eux était rude pour le contrôle de ces milliers d'œuvres d'art que la Révolution venait de confisquer. Alors, quelques reliques pour entretenir l'amitié, ce n'est pas un mauvais calcul… Pour autant, Vivant Denon sortit vainqueur de cet affrontement tacite, puisqu'il devint le supérieur hiérarchique de Lenoir, au grand désespoir de ce dernier. Denon parvint même à récupérer pour le Louvre l'ensemble des peintures confisquées que Lenoir avait stockées dans son musée et dont il ne voulait pas se défaire.

Michèle Naturel assure que la traçabilité de ces poils de barbe est optimale. Elle a accepté que nous en prélevions trois échantillons, mais la mairie de Châteauroux a demandé de prévoir, aux frais de l'équipe, la présence d'un huissier afin de constater que l'opération ne dégrade pas le précieux objet. Dans la salle principale du premier étage, la conservatrice ouvre délicatement le reliquaire gothique hexagonal, flanqué à ses angles de six tourillons attachés par des arcs-boutants et surmonté d'une croix. Les deux faces principales sont divisées chacune en six compartiments. Les poils d'Henri IV se trouvent dans la partie supérieure gauche, à côté d'un os de Molière et d'un fragment du linceul de Turenne.

Devant l'œil et l'objectif de l'huissier, chaque touffe de poils est minutieusement inspectée avant que nous fassions notre choix parmi la soixantaine disponible. Michèle Naturel insiste pour que nous n'en prenions pas plus de trois. En revanche, elle nous laisse sélectionner ceux qui nous semblent les plus intéressants. Il faut que nous mettions un maximum de chances de notre côté. L'huissier est à quelques pas et prend consciencieusement des notes. Le prélèvement est acrobatique. Il faut se garder d'avoir la main qui tremble. Trois suffiront largement pour l'usage que nous leur réservons. Et puis, il faut en laisser pour les générations d'après !

Première observation intéressante : ces poils n'ont pas été découpés mais arrachés. On a tiré dessus et les racines sont parties avec, laissant apparaître des bulbes à leur extrémité. Ils viennent donc de l'intérieur de la peau. En principe, on doit pouvoir retrouver de l'ADN… Il s'agit donc de faire trois prélèvements de bulbes sur trois poils différents pour augmenter nos chances de trouver de l'ADN exploitable. Tout ceci permet un brin d'optimisme. Le fait que ces poils de barbe d'Henri IV aient été arrachés leur donne encore plus de valeur. Ils ont en effet de fortes chances, s'ils sont authentiques, d'être le butin d'un forfait commis par un profanateur de Saint-Denis…

La collection du Sieur Brulay

La deuxième halte du tour de France des reliques d'Henri IV nous conduit, avec la tête momifiée dans nos bagages, au musée Tavet-Delacour, à Pontoise, où sont conservées les reliques collectées par un certain Charles Brulay, le receveur des domaines de Saint-Denis en 1793.

À quarante-quatre ans, ce dernier a assisté aux profanations et pris part au démembrement des corps. Du moins est-ce ce qu'écrit sa veuve qui a transmis les reliques de son mari, lesquelles ont fini leur périple dans les réserves du musée de Pontoise. Visiblement, Charles Brulay ne s'est pas privé tant sa collection de restes royaux est impressionnante : une trentaine de reliques de Capétiens, de Valois, de Bourbons comprenant des dents, des morceaux de crâne, des cheveux, des mâchoires... Il y a même une jambe entièrement momifiée attribuée à Catherine de Médicis.

Concernant Henri IV, on trouve dans ce musée d'étonnants échantillons : une dent, des poils et des cheveux roux, un pouce gauche, une phalange terminale de main, un os du carpe. Selon la liste originale conservée dans les archives, il devrait aussi y avoir « l'organe de la génération » du Bon Roy mais il a été volé au siècle dernier, nul ne sait véritablement quand ni comment. Dans le bureau du conservateur, l'archiviste du musée Pascal Gaillard extrait d'une commode assez quelconque une boîte en carton contenant les précieux restes d'Henri IV et d'autres rois, soigneusement étiquetés et rangés dans des sachets en plastique et dans des compartiments individuels.

Mais avant d'effectuer les prélèvements pour les tests ADN, nous tentons une petite expérience anatomique avec la dent. La denture est en effet propre à chaque individu. C'est un peu comme une empreinte digitale. Il y a peu de chances qu'une dent à deux ou trois racines s'adapte parfaitement aux cavités de l'os alvéolaire (qui soutient la dent) et si tel est le cas, cela ne saurait être dû au hasard. Une expérience comparable a été faite par des égyptologues avec une dent de la pharaonne Hatshepsout tombée par inadvertance dans ses paquets de viscères (vase canope) et sa momie présumée... La dent est entrée impeccablement, la momie a pu être authentifiée. S'il s'avère donc que la dent s'insère parfaitement dans l'une des cavités dentaires du crâne Bourdais, ce serait alors un indice de poids.

Premier constat : cette dent attribuée à Henri IV est une molaire, probablement une dent de sagesse supérieure droite. En outre, elle est ceinte d'un matériau métallique torsadé de trois millimètres d'épaisseur dont l'aspect évoque celui du laiton, enserrant la totalité de la couronne de façon circonférentielle, puis se terminant en un fil unique et épais. Mais contrairement à ce qui a été présenté par certains, ce matériel exogène n'est pas une prothèse dentaire (bridge), puisqu'en examinant les autres pièces du fond Brulay, on constate qu'il s'agit tout simplement d'un matériel de présentation de l'ensemble des dents réalisé dans les années 1930-1950 (on le retrouve dans presque toutes les autres boîtes...).

Le fil en laiton de la dent est soigneusement retiré et l'on vérifie si la dent s'adapte dans les orifices de l'os alvéolaire. Mais là, pour le coup, aucun doute possible : elle ne rentre vraiment pas. Il n'y a aucune correspondance anatomique entre les deux (on s'en serait douté, vue la morphologie de la dent, mais il valait mieux vérifier...). En bas, inutile même d'essayer : comme en haut, l'homme avait des abcès dans les cavités dentaires qui ont fini par ronger l'os. Par conséquent, n'importe quelle dent pourrait rentrer dedans (sauf que la dent est maxillaire, pas mandibulaire)...

Déception : la dent dite d'Henri IV n'est-elle pas authentique ? Ou bien est-ce la tête ? Dans l'état actuel d'avancement de l'étude, impossible à dire. En attendant, nous avons voulu savoir si une inversion ou une substitution accidentelle n'avait tout simplement pas pu se produire au sein de la collection, soit lors du prélèvement dans les fosses communes en 1793, soit lors de l'entretien des pièces au fur et à mesure du temps dans le musée de Pontoise... D'autres dents appartiennent en effet à ce fonds Brulay : une dent dite « de Dagobert Ier », une dent dite « de Louis de France, fils aîné de Louis XIV », deux dents dites « de saint Louis », deux dents dites « de Louis XIV ». La plupart de ces dents ne s'adaptent absolument pas à l'os alvéolaire de la tête momifiée. Une dent, anciennement présente dans les collections, dite « d'Henri III » a hélas disparu il y a plusieurs dizaines d'années. Se pourrait-il qu'il y ait eu un jour une interversion entre les deux souverains (ou plutôt leurs quenottes) ?

Nous laissons donc, pour le moment, la dent et procédons aux prélèvements sur les autres reliques. Après quelques poils de cheveux, l'attention se porte rapidement sur le pouce gauche ; ce dernier a été arraché et non pas sectionné comme le montrent les restes de tendons, longs de plusieurs dizaines de centimètres. *A priori* là aussi, il pourrait y avoir de l'ADN.

Voyage en Béarn

Direction maintenant le château de Pau dans le Béarn pour effectuer un prélèvement de poils de moustache.

Henri IV est né ici en 1553, et y passa une partie de son enfance. Il n'oubliera jamais qu'il est un Bourbon, fils du duc de Vendôme et descendant de saint Louis, et qu'après l'extinction de la branche des Valois, c'est son aînesse chez les Capétiens (« la plus illustre magnanime et chrétienne race de la terre », dira-t-il un jour) qui lui vaudra de prendre, en 1589, la succession d'Henri III et de monter sur le trône de France. Mais Henri IV tient de toutes ses fibres à son terroir du Sud-Ouest. Il aime à répéter qu'il est Gascon et la postérité le nommera « le Béarnais ». C'est donc à Pau que son grand-père Henri d'Albret, l'époux de Marguerite de Navarre, sœur de François Ier, a voulu que leur fille Jeanne vienne accoucher. Premier épisode d'une vie hors du commun. Souvenons-nous, la mère priée par son père de chanter à voix haute une chanson béarnaise en accouchant (en public, bien sûr) pour ne pas en faire un enfant « pleureux et rechigné ». Là voilà donc qui s'exécute, déchirée par les douleurs de l'enfantement, entre minuit et une heure du matin au premier étage du château, avec l'invocation à la Vierge du bout du pont, *Nousté Dame deu cap do poun*. À peine venu au monde, son grand-père se saisit de l'enfant, lui frotte les lèvres d'une gousse d'ail (en fait, une mesure prophylactique de l'époque) puis lui verse quelques gouttes de jurançon, un vin « moelleux et nerveux ». De cette époque, le château de Pau conserve encore la légendaire écaille de tortue qui lui aurait servi de berceau.

Contrairement à une idée reçue, Pau n'est pas en Navarre mais est la capitale de l'ancienne vicomté de Béarn. Celle-ci est devenue dès le XIVe siècle, par la volonté du prince poète Gaston Fébus, *sobranitat de Bearn* (souveraineté de Béarn), qui réussit à tirer son épingle du jeu pendant la guerre de Cent Ans entre Français et Anglais, puis entre Français et Espagnols. Si la capitale de la Navarre est Pampelune, du royaume hérité d'Éléonore de Navarre, épouse de Gaston IV de Foix-Béarn, quatrième aïeul d'Henri IV, les Foix-Béarn puis les Albret ne détiennent plus, depuis 1512, que la Basse-Navarre. Après l'invasion par les Espagnols de la partie sud de la Navarre en 1512, les grands-parents d'Henri IV ont en effet été contraints de se retrancher côté français et d'installer leur nouvelle capitale administrative à Pau. Puis, pour contrer la puissance espagnole, les deux royaumes de France et de Navarre ont vite conclu des alliances. C'est ainsi que la sœur de François Ier, Marguerite d'Angoulême, se maria avec le grand-père d'Henri IV, Henri d'Albret. Ou que le jeune Henri de Navarre, futur Henri IV, fut marié de force avec la fille de Catherine de Médicis, la scandaleuse reine Margot.

Le roi Henri a toujours gardé de bons souvenirs de son enfance dans le Béarn, bien que nombre de drames familiaux s'y soient joués. Ici a basculé le destin du futur Henri IV. Car, et c'est méconnu, jamais il n'aurait dû devenir roi de Navarre et encore moins roi de France. Il ne le deviendra qu'en 1589 après la mort du dernier roi Valois selon les lois de transmission de la couronne, étant descendant direct de saint Louis. Henri IV avait en effet un grand frère, Louis-Charles de Bourbon qui aurait dû monter sur le trône. Mais ce dernier meurt à l'âge de deux ans, précisément dans ce château de Pau, à la suite d'un stupide accident. Sa nourrice et un gentilhomme s'amusaient à se le lancer. Pour plaisanter, le gentilhomme fait une feinte trop prolongée et, par mégarde, le bébé passe par la fenêtre du premier étage. Malgré les cris du nourrisson qui a les côtes cassées, ils cachent le malheureux événement durant deux jours, avant finalement d'avouer. Mais il est trop tard, l'enfant meurt des suites de ses blessures une semaine après la chute. Et comme un malheur n'arrive jamais seul, quelques années plus tard, l'autre frère d'Henri IV, le plus jeune, le duc de Beaumont, meurt à l'âge de dix-huit mois, étouffé par sa gouvernante. Cette dernière, Aimée de Lafayette, l'avait trop emmitouflé dans ses linges. « Il vaut mieux suer que trembler », avait-elle coutume de dire. Le pauvre gamin en est mort.

Henri de Navarre quitte la ville de Pau à l'âge de dix-neuf ans pour Paris où il doit convoler avec la reine Margot. Il ne reviendra que rarement dans son pays natal, mais il rattachera la Navarre à la France peu avant la fin de son règne, en 1607.

Le château de son enfance a été réaménagé au XIXe siècle dans un style néo-renaissance par le roi Louis-Philippe. À cette époque où la monarchie est vacillante, la légende d'Henri IV, le Bon Roy, le conquérant et pacificateur de la France, tourne à plein régime. On décide alors de faire de Pau le lieu central de la mémoire du premier des rois Bourbons, reproduisant presque à l'identique le décor du XVIe siècle. Aujourd'hui, son ancienne demeure est devenue un musée qui lui est entièrement consacré. Ici, on trouve tout ce que la tradition henricienne peut compter : peintures, meubles, tapisseries, objets de la vie courante, bijoux et bien sûr quelques reliques.

Selon la conservatrice en chef, Isabelle Pebay-Clottes, et le directeur du château, Paul Mironneau, ce seraient des poils de barbe. Ils auraient transité *via* Hilarion Barthéty, un historien local de la fin du XIXe siècle. Problème : personne ne sait comment ils sont parvenus jusqu'à Pau. Avec une origine si douteuse, ces restes risquent de n'être que de peu d'utilité pour notre enquête. D'autant qu'après un attentif examen de l'échantillon, il s'avère que cette vingtaine de spécimens ont été soigneusement coupés : ce ne sont que les corps de poils, sans plus aucun bulbe conservé. Là aussi, il faudra se contenter de trois spécimens.

En retraversant le château vers la sortie, par le grand escalier principal, la conservatrice nous montre l'imposante statue du roi réalisée par Barthélémy Tremblay. C'est, nous dit-elle, l'une des plus fidèles représentations d'Henri IV. Immédiatement, nous remarquons la présence d'un grain de beauté volumineux sur l'aile droite du nez. *A posteriori*, des clichés normalisés de ce portrait seront réalisés, aux fins de futurs travaux de superpositions faciales.

De retour à l'aéroport, en attendant d'embarquer pour Paris, le portable sonne : Jean-Noël Vignal, l'anthropologue spécialiste des reconstitutions faciales, vient de terminer son portrait-robot.

Pour lui, le résultat est clair : « Si ce n'est pas Henri IV, c'est son frère jumeau. » La morphologie de l'individu reconstitué à partir des éléments crâniens est tout à fait compatible avec ce que la postérité a laissé comme témoignages visuels d'Henri IV. Voilà un argument de poids.

Chapitre 5

À la recherche du vrai visage de la momie

Un sosie d'Henri IV

L'étau se resserre grâce à Jean-Noël Vignal, docteur en anthropologie, ancien membre de l'Institut de recherche criminelle de la gendarmerie nationale (IRCGN) à Rosny-sous-Bois. Il a lui-même conçu un logiciel mondialement reconnu permettant de réaliser des portraits-robots à partir d'images scanner et de mesures crâniennes. Cette technique est utilisée dans les grandes affaires criminelles, lorsqu'un cadavre anonyme est retrouvé et que l'on cherche à reproduire son visage pour l'identifier. L'image produite est traitée par informatique selon des critères universels et objectifs.

Loin d'être un portrait classique, la représentation se rapproche plus d'une caricature ressemblante à la réalité : on n'y reconnaît pas Henri IV *stricto sensu*, ni personne d'autre, mais des traits grossiers qui s'accordent avec ce que la tradition a laissé d'Henri IV : menton fort, front haut, etc. Jean-Noël Vignal ne travaille que sur les images scanner de la tête doublées des mesures craniométriques. La première étape consiste à superposer à ces reliefs osseux du crâne les épaisseurs moyennes de tissus mous (peau, muscles, graisse, etc.) calculées en fonction du sexe de l'individu, son âge et sa corpulence. Puis on habille le visage selon les données physiques (couleur des cheveux, des poils, type d'implantation, lobe droit d'oreille percé, etc.) et pathologiques (présence d'un grain de beauté sur l'aile droite du nez, nombreuses pertes dentaires supérieures et inférieures, etc.). Le portrait, de neutre, se rapproche d'autant de la réalité physique de l'individu. Mais il reste encore très caricatural (c'est sa spécificité).

Et Jean-Noël Vignal de préciser : « Effectivement, j'ai trouvé de nombreux points de correspondance entre le portrait-robot réalisé par cette méthode et les portraits connus d'Henri IV. La momie et le souverain ont notamment la même forme du nez qui était assez prolongé et étroit (on le voit à la morphologie des os propres du nez et au volume des fosses nasales). Le front est lui aussi relativement haut, la face étroite et le menton large. Cela ne fait aucun doute. Donc ce portrait-robot peut très bien correspondre à Henri IV. Mais attention, il peut également très bien correspondre à une personne qui va ressembler très fortement au roi. »

C'est encourageant. Pour autant nous devons garder à l'esprit que cette méthode à elle seule ne prouve rien. Ce n'est qu'un critère de convergence supplémentaire qui doit être validé par d'autres analyses. Il suffirait, par exemple, que la datation au carbone 14 nous annonce une ancienneté radicalement distante du XVIIe siècle pour que toute attribution potentielle à Henri IV s'effondre. Néanmoins, nous commençons à avoir un faisceau d'arguments plus que troublants en faveur de l'identification. Nous nous efforçons de prendre cela avec du recul en attendant la fin de tous les examens et notamment le retour des tests ADN. Rien n'est fait.

Le masque mortuaire d'Henri IV

Pour conforter ce résultat prometteur, nous aimerions tenter une analyse complémentaire en superposant les clichés de la tête avec des portraits d'Henri IV passant pour les plus ressemblants. La statue du château de Pau, par exemple. Mais l'idéal serait de disposer d'un masque mortuaire du roi, car il est l'empreinte même de son visage au moment de sa mort, réalisé à partir d'un moulage en plâtre du cadavre. Il en existe plusieurs d'Henri IV qui circulent. Il faudrait donc trouver l'original de ce masque.

Rendez-vous est pris avec Nicole Garnier, la conservatrice du musée Condé de Chantilly. Cette dernière est une spécialiste de ces questions de masque mortuaire et, coïncidence heureuse, elle est sur le point d'ouvrir une exposition sur Henri IV. Elle doit recevoir l'un de ces fameux moulages en provenance de la bibliothèque Sainte-Geneviève de Paris.

L'histoire de ces masques mortuaires est d'ailleurs, comme notre affaire, assez énigmatique, même si elle fait partie d'un cérémonial funèbre bien connu. On sait qu'à la mort du roi, un moulage à base de plâtre fut pris de son visage. Confié à des sculpteurs, il devait servir à la réalisation d'effigies en cire colorée destinées aux funérailles. On en connaît aujourd'hui plusieurs exemplaires, conservés à Chantilly, au musée Carnavalet à Paris, au musée de Cassel, au musée de l'Ariana à Genève et au musée Granet d'Aix-en-Provence. Leur attribution n'est pas aisée entre Guillaume Dupré, Michel Ier Bourdin et Germain Jacquet dit Grenoble, tous trois parmi les plus grands sculpteurs du règne à qui l'on fit appel.

Après les rites d'embaumement, « le corps du Roy fut mis en un cercueil de plomb, couvert d'une bière de bois, sur laquelle on avoit estendu un grand drap d'or, et le poile par-dessus, deux autels à côté, où dix-huict jours durant on dict les messes le matin et les suffrages toutes heures, jour et nuict sans intermission ». À partir du 10 juin, un autre rituel se mit en place : le buste en cire du roi fut placé sur un grand « lit d'honneur » qui surmontait la bière installée dans la salle des cariatides du Louvre. Le corps réel du roi était, en effet, doublé d'une effigie, en l'occurrence un mannequin d'osier vêtu des habits royaux avec une tête et des mains de cire. Étaient disposés auprès de lui les insignes du pouvoir royal (*regalia*), la couronne sur la tête, le sceptre près de sa main droite, la main de justice près de la gauche. Ils y resteront jusqu'à Saint-Denis où ils furent même posés un instant sur le cercueil descendu dans la fosse.

Comme si le roi avait été vivant à travers elle, l'effigie était veillée par des archers et des hérauts d'armes. On assistait à son lever et à son coucher, tandis qu'on lui servait midi et soir un repas qui était ensuite distribué aux pauvres. Comme précédemment, de nombreuses messes furent célébrées sur des autels installés des deux côtés de la salle.

Henri IV sera le dernier roi de France dont le rituel funéraire respecta la tradition monarchique introduite en France deux siècles plus tôt du « double corps du roi ». Selon l'usage, le roi physique, c'est-à-dire le corps qui vient de mourir, se différencie ainsi du roi symbolique qui lui ne meurt jamais.

Avec le retour de la monarchie au XIXe siècle, une fois Henri IV redevenu à la mode, des copies du masque mortuaire initial ont été réalisées, puis des copies des copies. Tant est si bien qu'aujourd'hui, plus personne ne sait lequel est celui d'origine. Brouillant encore un peu plus les pistes, il existe aussi des légendes : une partie de ces masques seraient des copies d'un masque réalisé à la Révolution par un certain Compérot sur le visage bien conservé d'Henri IV à Saint-Denis. Or, tous les masques existants se ressemblent plus ou moins, ce qui laisserait à croire que la tête d'Henri IV en 1793 avait vraiment gardé toute sa fraîcheur depuis 1610. Pareille hypothèse est bien fragile. On ne dispose en effet d'aucune preuve formelle quant à la réalisation d'un moulage lors de l'exhumation ; celui-ci paraît d'ailleurs peu vraisemblable, compte tenu de l'état de la tête. Si elle était reconnaissable, ses traits creusés et ses orbites enfoncées, ses joues décharnées, son nez écrasé et dévié du côté gauche (modifications liées à la décomposition, au dessèchement et à l'embaumement par bandelettage, nettement visibles sur un dessin d'Alexandre Lenoir, réalisé d'après nature juste au sortir de la momie d'Henri IV hors de son cercueil) font que les moulages de Sainte-Geneviève ou de La Rochelle ne peuvent correspondre à cette prise, mais bien à celle de 1610.

Un détail, au passage : nous n'avons jamais observé et encore moins décrit la tête embaumée comme entièrement chauve ou imberbe, bien au contraire ; poils (de barbe, de moustache) et cheveux sont encore bien présents, en quantité, mais sectionnés très court, presque à ras. Comme si les phanères, fortement altérés et fragiles, s'étaient tous cassés à leur base. Il s'agit de dégradations liées aux prises en main intempestives de la momie, telles qu'on peut en observer sur d'autres restes comparables, par exemple les momies siciliennes de Randazzo (XVIIe-XIXe siècles). L'état actuel de la tête ne s'oppose en rien aux descriptions de l'exhumation ni au dessin d'Alexandre Lenoir figurant une tête barbue et chevelue au sortir du cercueil… sur laquelle de nombreux prélèvements et de multiples manipulations seraient intervenues, l'abîmant d'autant.

Autre détail : cette lésion cutanée (grain de beauté) sur l'aile droite du nez clairement visible sur le masque mortuaire de La Rochelle, plus discret (mais présent) sur celui de Sainte-Geneviève (sous la forme d'une asymétrie, d'une voussure du côté droit), dont la topographie est comparable à celle des nombreux portraits (peintures, sculptures) d'Henri IV…

Il semble donc que l'existence du masque de Compérot ne soit qu'une rumeur entretenue par les partisans de la monarchie. En effet, dans la tradition chrétienne, seuls les corps des saints peuvent échapper à la putréfaction. Si le corps d'Henri IV a été retrouvé si bien conservé, après plus de cent quatre-vingt-trois ans passés dans son cercueil, c'est qu'il faut, selon certains, y voir une intervention divine. Ce serait la preuve du lien qui unit Dieu aux rois Bourbons. D'habiles commerçants surfèrent sur cette légende miraculeuse en forme de récupération politique et moulèrent des masques à tour de bras en les faisant passer pour celui de 1793. Et aujourd'hui, on ne s'y retrouve plus.

Heureusement, plusieurs spécialistes se sont penchés sur la question de l'authenticité des différents masques en circulation. Les plus connus (et extrêmement proches stylistiquement) sont conservés au musée de Rouen, à La Rochelle et à la bibliothèque Sainte-Geneviève de Paris. L'un des trois est probablement l'original, les deux autres comptent parmi les toutes premières copies. Dans les deux cas, nous avons sans doute là le vrai visage d'Henri IV.

Notons au passage que ces masques ne présentent aucune marque de sciage du crâne. Les exemples de Louis XI, Charlotte de Savoie, mais aussi des cas français et européens du XVIIe et XVIIIe siècles récemment étudiés, ont montré que le sciage du crâne, lorsqu'il était pratiqué en cours d'autopsie ou d'embaumement, partait approximativement de deux à trois centimètres au-dessus des orbites, juste au-dessus des arcades sourcilières. Si, donc, il y avait eu un sciage du crâne sur le cadavre d'Henri IV, et si les moulages du visage ont été pratiqués à la suite de ce geste chirurgical, alors un décalage, un ressaut, une trace de ce sciage aurait été visible, vu que le masque funèbre remonte jusqu'à la suture coronale (naissance des pariétaux).

Une fois terminés les clichés normalisés du masque de Sainte-Geneviève, nous retournons vers la conservatrice du musée Condé de Chantilly, pour l'interroger sur cette histoire d'oreille percée. Nous savons en effet que la bibliothèque du musée, l'une des plus belles et des plus fournies de France, regorge de portraits du xvie siècle et du xviie siècle. Certains n'ont même jamais été numérisés et ne figurent dans aucun catalogue. Peut-être en existe-t-il figurant Henri IV portant un bijou à l'oreille droite ? Nicole Garnier ne se rappelle hélas pas avoir déjà vu un tel portrait du roi, mais elle promet d'effectuer une recherche. Rendez-vous est pris dans quelques semaines pour un bilan.

Superpositions faciales

Nous disposons donc : des images du scanner et du « portrait-robot » d'une part, et des clichés du masque mortuaire de Sainte-Geneviève et de la statue de Pau d'autre part. Nous pouvons donc lancer les travaux de superposition faciale. Et les résultats vont s'avérer très encourageants.

Voici la méthode utilisée, directement issue des protocoles médico-légaux. Sans jamais déformer l'image, une projection en deux dimensions du crâne est réalisée de face et de profil ; ce sont des craniogrammes. Ceux-ci sont ensuite superposés aux portraits connus et authentifiés du sujet dont l'identité est supposée. À commencer par le masque mortuaire. Sont normalement comparés au total 12 points anatomiques… sauf que dans le cas présent, la bouche ouverte de la momie s'oppose à la bouche fermée du masque mortuaire, et seuls 6 points anatomiques sont disponibles pour tester une éventuelle concordance. En l'occurrence, la courbure frontale, la glabelle, l'ensellure nasale, la pointe du nez, le philtrùm et le point inter-incisivaire supérieur sont positionnés exactement de façon comparable entre les deux échantillons. Même l'implantation de l'œil colle à merveille. Autrement dit, la correspondance anatomique est parfaite entre la tête embaumée et le masque mortuaire.

Revenons un instant sur ce détail de bouche... En effet, celle-ci est fermée sur le masque mortuaire, alors que celle de la momie est béante. S'il arrive parfois que la bouche s'ouvre progressivement *post-mortem* (rappelons le cas de la momie de Marie d'Aragon morte en 1568 et conservée à San Domenico Maggiore à Naples), il est bien plus fréquent que des individus mal-intentionnés explorent la cavité buccale des momies pour en extraire des dents, voire des prothèses dentaires supposées être en métal précieux ! On pense à l'épisode des profanations révolutionnaires à Saint-Denis. En effet, à voir le nombre de dents (d'Henri IV comme des autres monarques) qui circulent dans les collections privées ou publiques de France, une telle pratique a dû être assez massive en 1793... L'impressionnante collection, notamment, de dents provenant du pillage de Saint-Denis récupérées par le Sieur Brulay et déposées au musée Tavet-Delacour de Pontoise (dents attribuées à Dagobert, Louis IX, Louis XIV, et on l'a vu, Henri IV, etc.), est un exemple probant. Autre témoin, pour terminer sur cette histoire de bouche ouverte, une certaine Mme Delecluse, veuve en premières noces d'un certain Brumont, et veuve en seconde noces du Sieur Michon, marchand mercier Saint-Denis. Elle se déclarait en possession « d'une partie de la mâchoire d'Henri IV que ledit Brumont, son premier mari, avait recueillie lors des exhumations qui ont été commises des tombeaux des rois qui étaient déposés à l'église de l'abbaye royale de Saint-Denis », refermée « dans une boîte qu'elle a conservée précieusement » (déclaration du 17 juillet 1817, Archives nationales, AE 1 15, n° 12 pièce 13) et qu'elle propose de céder en 1817 aux représentants de Louis XVIII… S'agit-il de l'important fragment de peau de la mâchoire manquant sur la tête (lambeau cutané maxillaire supérieur gauche et/ou mandibulaire gauche) ? ou d'autres dents manquantes tombées en *post-mortem* ?

Quoi qu'il en soit, pour en revenir à la question des superpositions faciales, même sur la seule moitié supérieure du visage, s'il y avait eu ne serait-ce qu'un point de discordance (sur les 6 examinés), cela aurait consisté en un argument contre l'identification de cette tête comme celle du « Béarnais ». Or tel n'est pas le cas.

Un tel faisceau d'indices concordants conforte décidément l'hypothèse de l'authentification. Les faits sont là. Notre momie est un sosie parfait d'Henri IV qui a le même grain de beauté à la base du nez et la même cicatrice à la lèvre supérieure. Malgré tout, la froideur et la distance de l'équipe scientifique persistent. Si la tête qui séjourne dans le coffre d'une banque parisienne est bien celle d'Henri IV, seuls les résultats des tests ADN pourront nous le confirmer formellement.

Du plomb dans l'ADN

Nous avions fait parvenir les différents prélèvements effectués sur la tête de Bourdais avec des échantillons témoins (archéologiques : squelettes grecs, préparations anatomiques du XIIIe siècle, sang recouvrant la lame d'une guillotine du XIXe siècle) à deux laboratoires spécialisés dans la paléo-génétique, l'un basé à Strasbourg (Institut médico-légal), l'autre au Danemark (Niels Bohr Institute, à Copenhague). Ces laboratoires sont parmi les plus connus et les plus performants au monde en matière de recherche sur l'ADN ancien.

Malheureusement, le verdict tombe par deux e-mails successifs des généticiens : l'un et l'autre des laboratoires arrivent à la même conclusion, l'ADN est inexploitable. Sur cette momie, ils ne retrouvent que des génomes multiples et trop fragmentés pour être traités. Ce n'est pas la première fois… Sur d'autres cas comparables, notamment celui d'Agnès Sorel (morte en 1450 et inhumée à Loches) et de Diane de Poitiers (1566, enterrée à Anet), aucun ADN non plus n'avait pu être retrouvé. Ceci n'a rien d'extraordinaire pour les généticiens. D'abord parce que l'ADN ancien est difficilement extractible, car soumis à de nombreux facteurs de dégradation comme l'humidité, les ultraviolets, les manipulations intempestives et le temps qui passe. Par ailleurs, dans chacun de ces cas, y compris pour Henri IV, les cadavres ont séjourné durablement dans des cercueils de plomb dont la lente dégradation finit par infiltrer les tissus, même très en profondeur. Or, le plomb est un « poison » de l'ADN, dans le sens où il inhibe l'action de l'ADN polymérase, l'enzyme permettant l'amplification de la molécule d'ADN au cours des études génétiques. Il n'y a donc rien d'étonnant à ne pas retrouver d'ADN ancien dans ces conditions…

Réussira-t-on un jour, dès lors, à trouver l'identité de la tête momifiée ? Sans ADN, comment avoir des certitudes absolues ? Ne nous départons pas de notre optimisme… On peut se passer d'ADN si tous les autres critères d'appréciation vont dans le sens de l'authenticité et si aucune preuve scientifique ou historique contradictoire n'apparaît. Comme pour les études précédentes, même s'il est vrai que le fait de ne pas avoir d'ADN est un coup dur, cela pimente les choses et nous oblige à réfléchir différemment. Nous allons devoir faire la démonstration de l'authenticité ou non de cette tête avec d'autres arguments : archéologiques, anthropologiques, le type d'embaumement, l'histoire même de cette tête, son parcours, les maladies dont elle peut être éventuellement porteuse… autant d'éléments qui vont nous permettre de réfléchir en faisant abstraction de l'ADN.

À ce stade de l'enquête, de nombreuses questions doivent encore trouver leurs réponses. Nous attendons le résultat de la datation au carbone 14 dans trois à quatre semaines. Mais aussi celui des analyses de ces traces de plâtre ainsi que du tatouage bleu-noir à la base du cou. Le Dr Joël Poupon, le biologiste toxicologue de l'équipe, doit rendre ses conclusions d'ici un mois environ. Il espère bien exploiter au maximum les échantillons reçus, et compte aussi profiter de la contamination des échantillons par le plomb pour les comparer entre eux...

Côté histoire, le champ des investigations est vaste. Il s'agit notamment de retracer le parcours de cette tête depuis les profanations de Saint-Denis jusqu'à la vente de l'hôtel Drouot. À la clé, peut-être découvrirons-nous de nouvelles preuves historiques qui viendraient compléter le processus d'identification scientifique ?

Chapitre 6

Contre-enquête historique

Les profanations des tombes royales

Remontons donc quelques siècles en arrière. Pour bien comprendre ce qui a pu se passer à la lueur des torches dans une fosse commune remplie de cadavres royaux, rappelons que la basilique subit en 1793 le même sort que des centaines d'églises, couvents, monastères et châteaux de France. Nous sommes alors en pleine Terreur révolutionnaire. Dans les grandes villes, on voit partout des têtes se balancer en haut de piques. Dans cette surenchère répressive, qui est aussi affaire de symboles, on s'attaque d'abord à toutes les effigies, toutes les représentations de l'ordre ancien, la monarchie et l'Église. On vandalise les cathédrales, les couvents, les monastères, les palais.

On envoie les nobles à la guillotine, à commencer par le premier d'entre eux Louis XVI, le 21 janvier 1793. Dans ce processus d'éradication du passé, il ne reste ensuite qu'à s'en prendre aux sépultures et jusqu'aux dépouilles, ultime vestige terrestre de cet ordre ancien qui doit être balayé. Les révolutionnaires « pourchassent les aristocrates jusque dans leurs tombeaux », comme le racontera plus tard l'écrivain Alexandre Dumas dans son roman *Mille et un fantômes*. Du marquis de province à l'évêque en passant par les princes et les grands dignitaires, peu nombreux sont ceux qui en réchappent.

En février 1793, le journal *Le Moniteur* publie une ode du citoyen Lebrun qui appelle de funestes horizons pour le dernier sommeil des rois à Saint-Denis.

Purgeons le sol des patriotes
Par des rois encore infectés ;
La terre de la liberté
Rejette les os des despotes !
De ces monstres divinisés
Que tous les cercueils soient brisés
Que leur mémoire soit flétrie !
Et qu'avec leurs mânes errants
Sortent du sein de la patrie
Les cadavres de ces tyrans !

Les politiques vont entendre la clameur populaire. Le 1er août 1793, le conventionnel Bertrand Barère ordonne, dans son rapport présenté au nom du Comité du salut public depuis la tribune de la Convention nationale, d'offrir en cadeau d'anniversaire à la République naissante la destruction des tombeaux de Saint-Denis :

« Le comité a pensé que, pour célébrer la journée du 10 août qui a abattu le trône, il fallait, dans le jour anniversaire, détruire les mausolées fastueux qui sont à Saint-Denis […]. L'orgueil et le faste royal semblent encore, même dans la tombe, s'enorgueillir d'une grandeur évanouie. La main puissante de la République doit effacer impitoyablement ces épitaphes superbes et démolir ces mausolées qui rappelleraient des rois l'effrayant souvenir. »

Le coup d'envoi aux profanations est donné. Louis XVI, avant la fin de son règne, s'était plaint du manque d'espaces

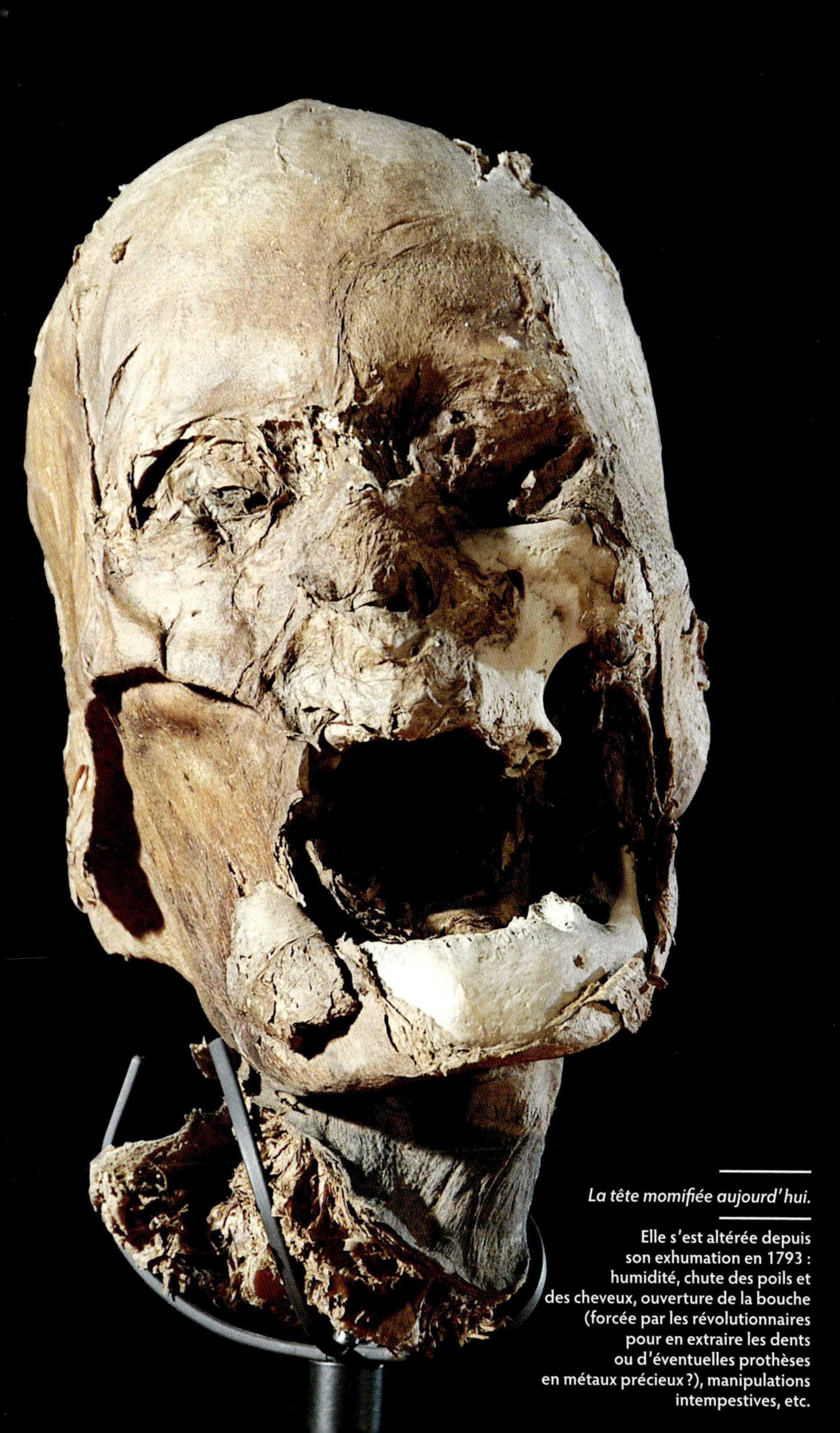

La tête momifiée aujourd'hui.

Elle s'est altérée depuis son exhumation en 1793 : humidité, chute des poils et des cheveux, ouverture de la bouche (forcée par les révolutionnaires pour en extraire les dents ou d'éventuelles prothèses en métaux précieux ?), manipulations intempestives, etc.

L'assassinat d'Henri IV et arrestation de Ravaillac le 14 mai 1610.
Huile sur toile de Charles-Gustav Housez, XIXe s., musée national du château de Pau.

Henri IV mort transporté au Louvre après son assassinat (14 mai 1610). Dessin de Joseph-Nicolas Robert-Fleury, XIXe s., musée national du château de Pau.

Pour éviter d'effrayer la Cour, on fit remonter le roi dans ses appartements par un escalier dérobé de la cour Carrée appelé « petit degré », qui existe encore.

Henri IV sur son lit de mort. Huile sur toile de Pierre-Nolasque Bergeret, XIXe s., musée national du château de Pau.

RAPPORT DE L'OVVERTVRE DV CORPS DV ROY deffunct Henry le Grand, IIII. de ce nom, Roy de France & de Nauarre, qui a eſté faicte le quinzieſme iour de May mil ſix cens dix, à quatre heure du ſoir : Ayant eſté bleſſé le iour precedent d'vn couſteau, eſtant dedans ſon coroſſe, dont il ſeroit decedé incontinent, apres auoir dict quelques paroles, & ietté du ſang par la bouche.

C'eſt trouué par les Medecins & Chirurgiens ſoubs-ſignez, ce qui s'enſuit.

Vne playe au coſté gauche, entre l'Aiſſelle & la Mammelle ſur la deux & troiſieſme Coſte d'en haut, d'entree du trauers d'vn doigt, coulant ſur le muſcle pectoral vers ladicte Mammelle : De la longueur de quatre doigts, ſans penetrer au dedans de la poictrine.

L'autre playe en plus bas lieu, entre la cinq & ſixieſme Coſte au milieu du meſme coſté, d'entree de deux trauers de doigts, penetrant la Poictrine & perçant l'vn des Lobes du Poulmon Gauche, & de la couppant le Tronc de l'Artere Veneuſe à y mettre le petit doigt, vn peu au deſſus de l'aureille gauche du Cœur : de cet endroict l'vn & l'autre Poulmon a tiré le ſang, qu'il a ietté à flot par la bouche : & du ſurplus ſe ſont tellement remplis qu'ils s'en ſont trouuez tous noirs comme d'vne Ecchimoſe.

Il s'eſt trouué auſſi grande quãtité de ſang caillé en la cauité de ladicte Poictrine, & quelque peu au ventricule droict du Cœur, lequel enſemble les grands vaiſſeaux qui en ſortent, eſtoient tous affaiſſez de l'euacuation : Et la Veine Caue, au droict du coup (fort pres du Cœur) a paru noircie de la contuſion faicte par la pointe du couſteau.

Parquoy tous ont iugé que ceſte playe eſtoit ſeule & neceſſaire cauſe de la mort.

Toutes les autres parties du corps ſe ſont trouuees fort entieres & ſaines, comme tout le corps eſtoit de tres-bonne temperature, & de tres-belle ſtructure. Faict à Paris les iour & an que deſſus.

Medecins du Roy.

A. PETIT, A. MILON, DELORME, REGNARD, HEROARD, LE MAISTRE, FALAISEAV, DE MAIERNE, HVBERT, LE MIRRHE, CARRE, AVBERI, YVELIN, DELORME LE IEVNE, HAVTIN, PENA, LVSSON, SEQVIN.

Chirurgiens du Roy.

MARTEL, PIGRAI, GVILLEMEAV, REGNAVD, GARDE', PHILIPPES, IARRET, DE LA NOVE, IOVBARD, BERARD, BACHELIER, ROBILLARD.

Rapport d'autopsie d'Henri IV.
Publié dans les *Œuvres complètes* de Jacques Guillemeau, chirurgien du roi, 1612.

Effigie funéraire d'Henri I
Cire de Michel Bourdin dit d'Orléar
1610, musée Carnavalet, Par

L'une des trois effigies qui ont été sculpté
en vue des cérémonies funèbr

Masque mortuaire d'Henri IV.
Plâtre, bibliothèque Sainte-Geneviève, Paris.

Il fut moulé en 1610 sur la dépouille d'Henri IV. Les yeux sont creusés dans les orbites, signe de mort. On note aussi une rétraction buccale à peine masquée par la barbe et la moustache, en rapport avec les importantes pertes dentaires *ante-mortem*.

Le Pourtraict du défunct Roy Henri IIII du no
Roy de France sur son lit de de
Gravure de Pierre Firens, 16
musée national du château de P.

Le 10 juin 1610, la bière contenant le corps du
est placée sous le lit d'honneur. Sur le lit, on insta
une effigie du souverain, faite d'osier et de cire, revê
des habits du sacre et accompagnée des *rega*

La violation des caveaux des rois dans la basilique Saint-Denis en octobre 1793.
Huile sur toile d'Hubert Robert, 1793, musée Carnavalet, Paris.

L'ouverture du cercueil d'Henri IV.
Huile sur toile de Jean-Baptiste Mauzaisse, 1844, musée national du château de Pau.

Le corps d'Henri IV dans son cercueil après la profanation des tombes de la basilique Saint-Denis en 1793.
Eau-forte d'Alexis Chataignier et Edme Bonivet, d'après Eustache-Hyacinthe Langlais, XVIIIe s., château de Versailles.

Alexandre Lenoir défendant les tombeaux de Saint-Denis.
Dessin, école française, 1795, musée du Louvre,
Cabinet des dessins, Paris.

Alexandre Lenoir.
Huile sur toile
de Jacques-Louis David,
1815-1817,
musée du Louvre, Paris.

Génial inventeur de la muséographie et conservateur acharné du patrimoine, il était aussi connu pour sa passion des reliques. Quel a été son rôle dans l'affaire ?

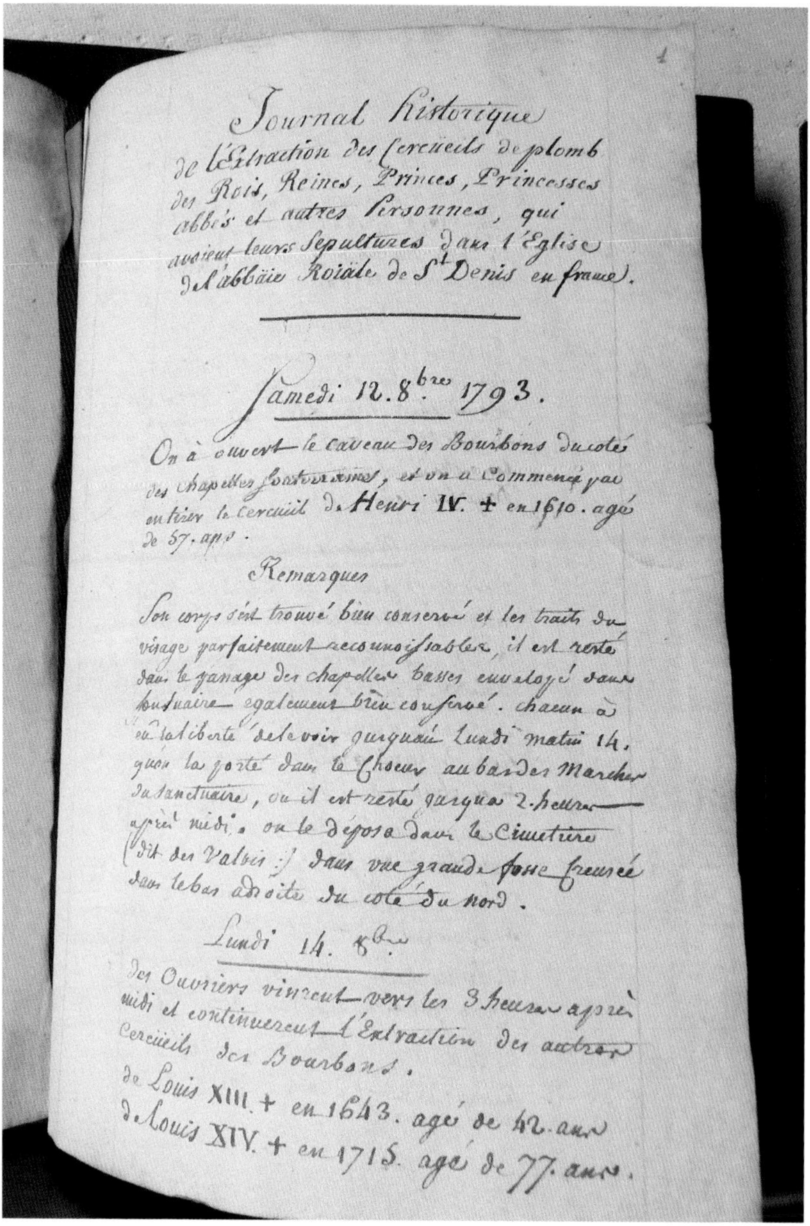
1

Journal historique
de l'Extraction des Cercueils de plomb
des Rois, Reines, Princes, Princesses
abbés et autres Personnes, qui
avoient leurs Sepultures dans l'Eglise
de l'abbäie Roiäle de St Denis en france.

Samedi 12. 8bre 1793.

On à ouvert le caveau des Bourbons du coté des chapelles souterraines, et on a commencé par entirer le cercueil de Henri IV. + en 1610. agé de 57. ans.

Remarques

Son corps s'est trouvé bien conservé et les traits du visage parfaitement reconnoissables, il est resté dans le passage des chapelles basses enveloppé dans son suaire egalement bien conservé. chacun à eu la liberté de le voir jusqu'au Lundi matin 14. qu'on la porté dans le Choeur au bas des Marches du sanctuaire, ou il est resté jusqu'a 2 heures après midi. on le déposa dans le Cimetiere (dit des Valois :) dans une grande fosse creusée dans le bas adroite du coté du nord.

Lundi 14. 8bre

Les Ouvriers vinrent vers les 3 heures après midi et continuerent l'Extraction des autres Cercueils des Bourbons.
de Louis XIII. + en 1643. agé de 42. ans
de Louis XIV. + en 1715. agé de 77. ans.

Rapport des exhumations de 1793 du bénédictin Dom Druon.
Archives nationales, Paris.

De tous les témoignages existants sur les exhumations des corps royaux, ce document attribué à un bénédictin de la basilique, Dom Druon, est le plus ancien. C'est la copie originale du texte du bénédictin Dom Poirier, le seul à avoir écrit *in situ* à Saint-Denis le déroulé des événements (ses archives seront détruites en 1794 dans un incendie de la bibliothèque de Saint-Germain-des-Prés). Tous les autres témoins des exhumations, suspectés de vols reliques royales, recopieront ce texte des années plus tard en le modifiant. C'est alors qu'apparaîtra la fameuse version du crâne scié d'Henri IV.

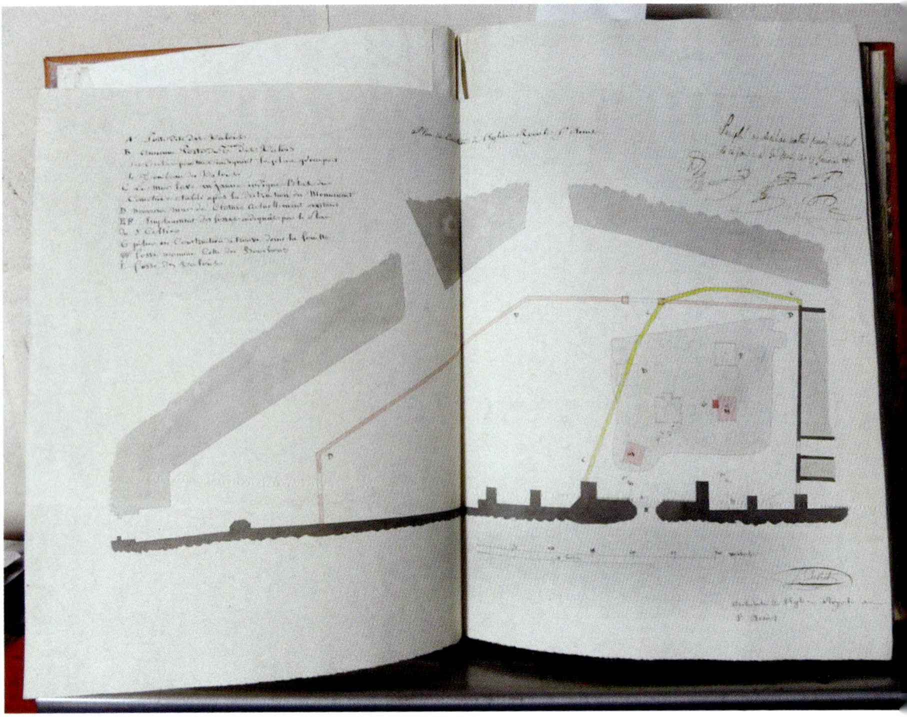

Plan du cimetière de l'église royale de Saint-Denis.
Croquis, Archives nationales, AE I 15, Paris.

Les deux fosses communes des Valois et des Bourbons sont signalées en rouge, à quelques mètres seulement de l'enceinte de la basilique.

Le cadavre d'Henri IV exhum
Dessin d'Alexandre Len
année inconnue, musée du Louv
département des Arts graphiques, Pa

La tête est tournée vers la droite (comme la tête encore conservé
Le nez est écrasé et dévié sur le côté, la barbe et les cheveux sont somb
Nulle trace de crâne scié (mais les cheveux, il est vrai, gênent cette appréciatio
Comment, dès lors, les témoins auraient-ils pu voir un crâne s
avec de l'étoupe en sortant, tel que le décrit Lenoir lui-mêm

Le brocanteur Bourdais.

Les yeux dans ceux de celui qui, il en est persuadé, fut le Bon Roy. Il acquit cette tête momifiée en 1919 à Drouot pour 3 francs.

La châsse de Bourdais.

Dans son bric-à-brac de Montmartre, Bourdais expose sa tête momifiée affublée d'une légion d'honneur à l'effigie d'Henri IV. À gauche, les superpositions de photos destinées à prouver la pertinence de sa théorie.

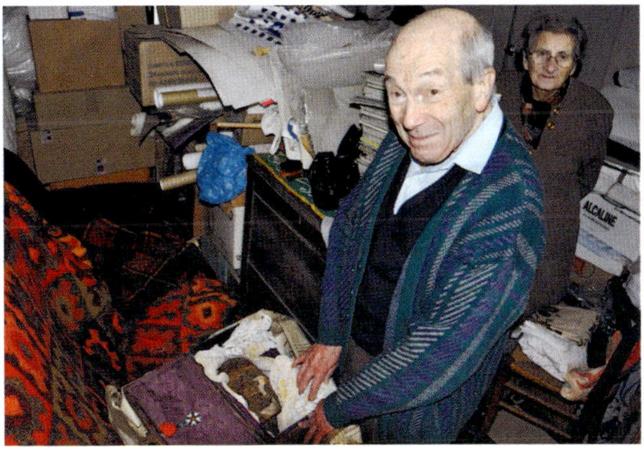

Les époux Bellanger.

22 janvier 2010. Pour la première fois depuis cinquante ans, M. et Mme Bellanger décident de rompre leur secret. Ils confient à Stéphane Gabet et Pierre Belet la tête momifiée pour résoudre l'énigme de son identité.

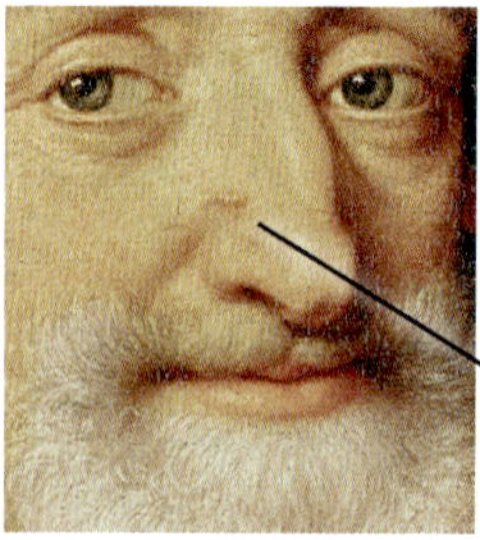

Un volumineux grain de beauté sur l'aile droite du nez.
Buste de Henri IV portant la croix du Saint-Esprit (détail), huile sur toile de Frans Pourbus, XVIIe s., château de Versailles.

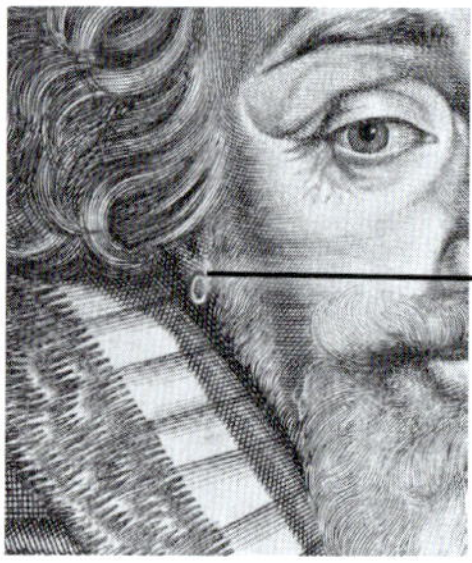

L'oreille droite percée.
Portrait d'Henri IV (détail), gravure de Jean Ganière, XVIIe s., musée Condé, Chantilly.

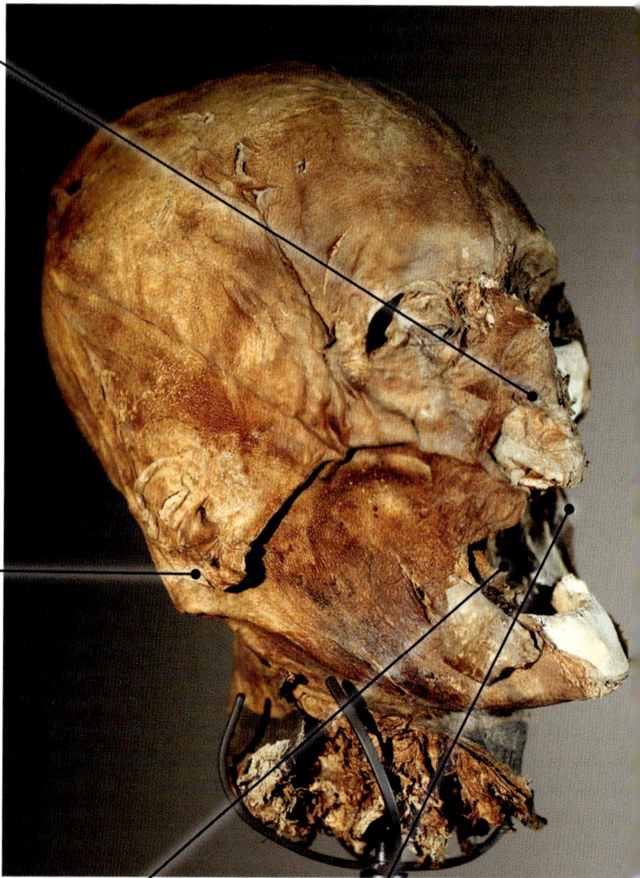

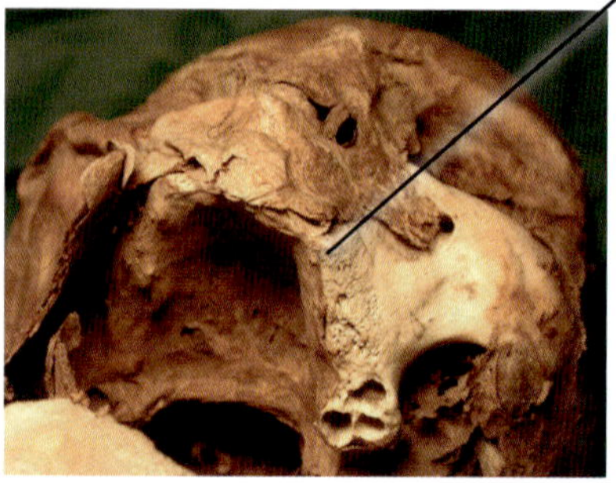

Nombreuses pertes dentaires ante-mortem.

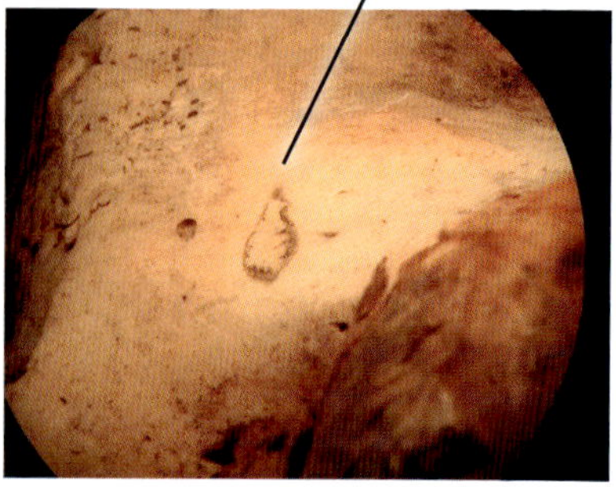

Cicatrice d'un ancien traumatisme osseux.

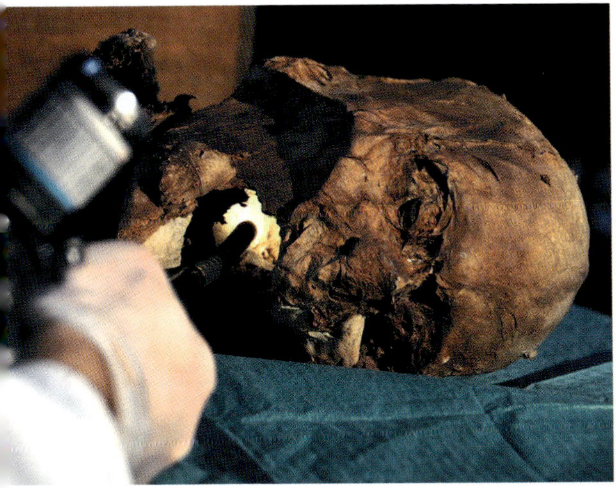

La tête aux mains de la science.

Fibroscopie de la tête momifiée pour dresser un constat d'état anatomique et rechercher la présence éventuelle de produits d'embaumement.

Scanner en cours, premières images.

Le crâne n'est pas scié, nous le savions déjà. Mais il n'est pas trépané non plus.

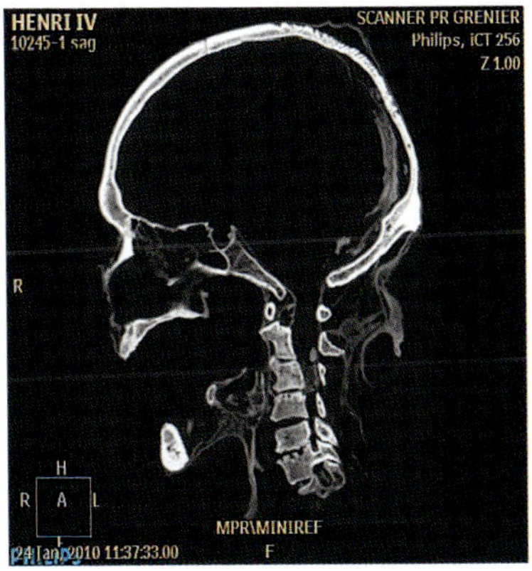

Coupe sagittale du crâne d'Henri IV.

On y aperçoit à l'arrière des résidus de matières cérébrales solidifiées.

Le test des nez.

Deux nez de parfumeurs recherchent des odeurs de produits d'embaumement.

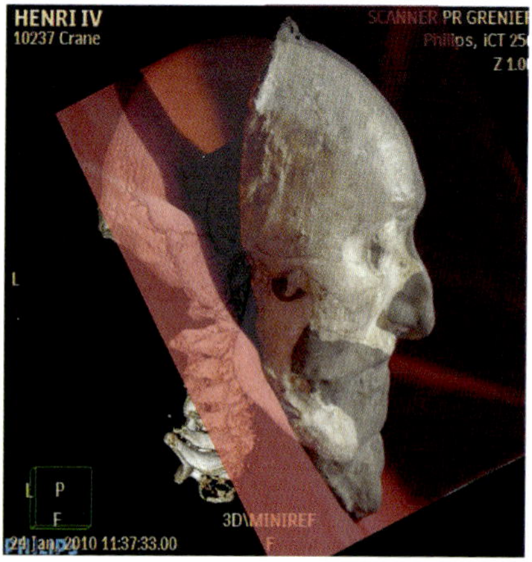

Superpositions faciales.

Le scanner du crâne d'Henri IV est superposé au masque mortuaire conservé à Sainte-Geneviève…

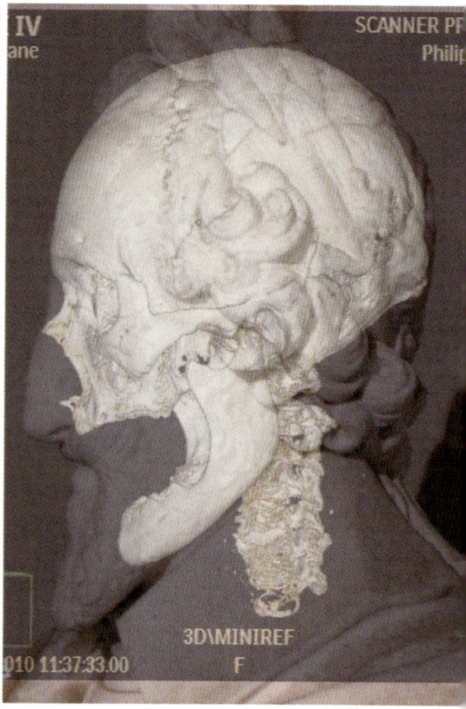

… et à la statue par Barthélemy Tremblay conservée au château de Pau, réputée être la sculpture la plus ressemblante d'Henri IV. La correspondance est frappante.

Dent dite d'Henri IV.
Collection du Sieur Brulay, musée Tavet-Delacour, Pontoise.

Que nous disent les autres reliques réputées d'Henri IV ?

Mandibule d'Henri IV.

Malgré le très mauvais état bucco-dentaire mandibulaire (nombreux et profonds abcès), il est possible de dire que cette dent n'appartient pas à cette mâchoire…

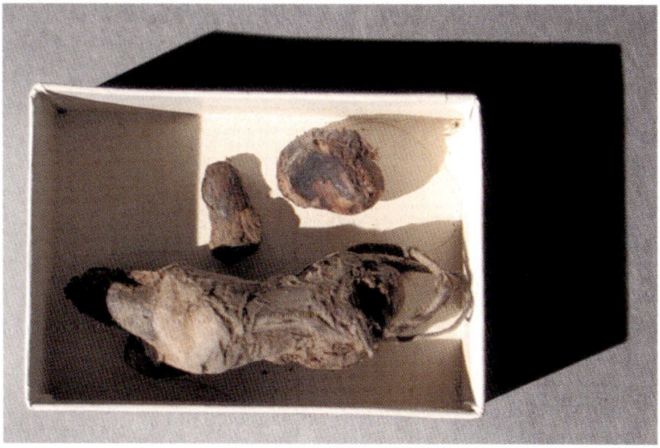

Un pouce gauche, une phalange, un os du carpe d'Henri IV.
Collection du Sieur Brulay, musée Tavet-Delacour, Pontoise.

Les cheveux d'Henri IV.
Collection du Sieur Brulay, musée Tavet-Delacour, Pontoise.

La mort de Louis XVI, le 21 janvier 1793.
XIXe s., coll. privée.

Sa tête est montrée à la foule par le bourreau Charles-Henri Sanson. Un témoin présent sur la place de la Concorde le jour de la décapitation du roi recueillit un peu de son sang sous l'échaffaud.

Fiole contenant le sa
du roi guillotir

La preuve génétique tie
dans cette petite fiole

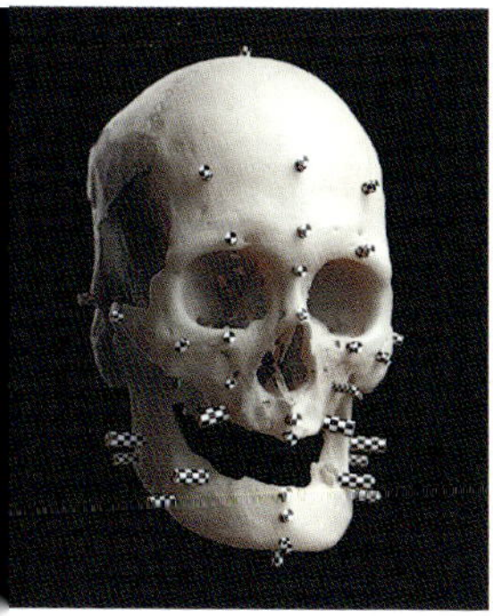

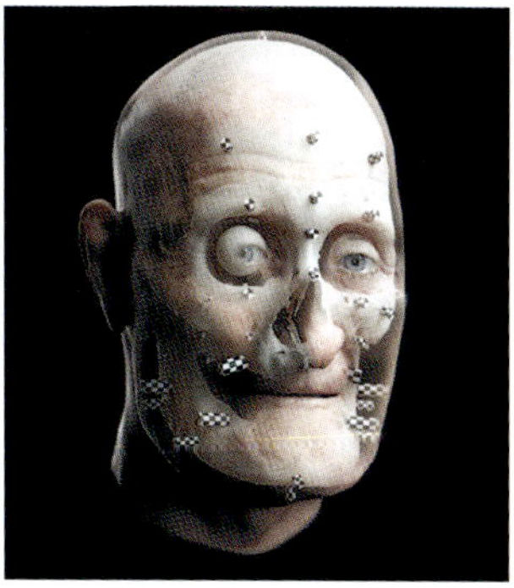

Reconstitution faciale en 3D.
Images de Philippe Frœsch, Visualforensic, 2013, Barcelone.

La preuve scientifique et historique de l'identité du propriétaire de cette tête étant établie, il est temps d'en voir enfin le vrai visage, grâce à une technologie de haute volée.

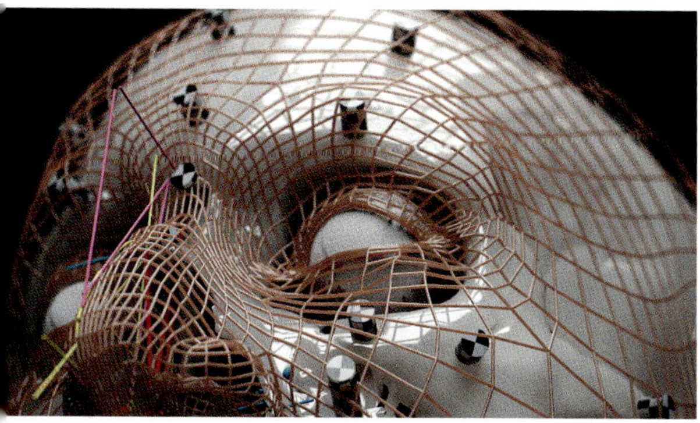

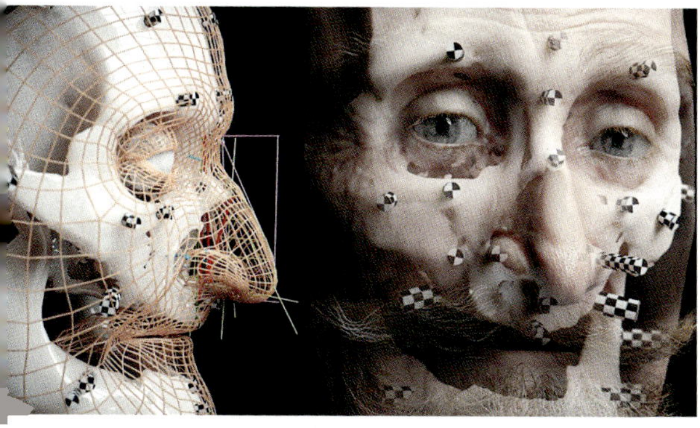

Les yeux ont été placés en fonction de points craniométriques élaborés par des anthropologues.

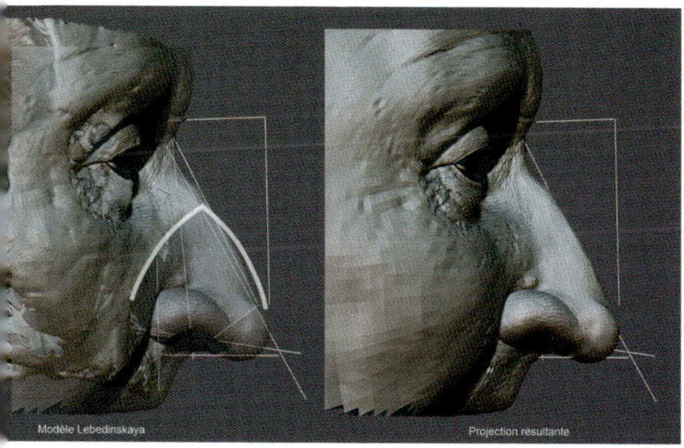

Le nez a été dessiné grâce à une équation médico-légale qui a permis de retrouver son volume et son inclinaison.

Henri IV, roi de France
et de Navarre (1553-1610).

disponibles à Saint-Denis dans le caveau réservé aux Bourbons, lequel débordait de cercueils. La Révolution allait se charger de lui en faire, de la place.

Il va y avoir deux vagues de profanations : en août puis en octobre 1793. La première s'attaque à la démolition et au démontage systématique des tombes les plus anciennes et aux gisants de marbre et de pierre présents dans la chapelle haute. Sans prendre de repos, les ouvriers et le public s'en donnèrent à cœur joie et, en seulement trois jours, ils détruisirent l'ouvrage de douze siècles. Ils commencèrent, les 31 juillet et 1er août 1793, par la démolition des onze « figures de cire des ci-devant rois de France », dont celle qui avait été utilisée pour l'effigie d'Henri IV lors des rites d'exposition et de ses obsèques. La destruction des gisants et des tombeaux suivit, du 6 au 8 août, et, contrairement aux idées reçues, se fit assez méthodiquement.

Chateaubriand, qui visita des années plus tard l'abbaye dévastée, écrira dans *Génie du christianisme* (1802) :

> *« Elles ne sont plus, ces sépultures ! Les petits enfants se sont joués avec les os des puissants monarques ; Saint-Denis est désert, l'oiseau l'a pris pour passage, l'herbe croît sur ses autels brisés ; et au lieu du cantique de la mort qui retentissait sous ses dômes, on n'entend plus que les gouttes de pluie qui tombent par son toit découvert, la chute de quelque pierre qui se détache de ses murs en ruine, ou le son de son horloge, qui va roulant dans les tombeaux vides et les souterrains dévastés. »*

Il s'agit cependant plus alors d'un démontage et la toute nouvelle commission des Monuments historiques mandata quelques commissaires pour sélectionner et conserver les monuments d'art les plus remarquables et éviter qu'ils ne soient entièrement détruits. Parmi eux, un ancien bénédictin, dom Poirier, et le garde d'un dépôt destiné à accueillir les œuvres, Alexandre Lenoir, vont parvenir à sauver plusieurs chefs-d'œuvre comme les tombeaux de Louis XII, d'Anne de Bretagne, de François Ier et d'autres rois Valois. À l'inverse, d'autres pierres servirent notamment à l'érection d'une pyramide dédiée à Marat. Ce vandalisme, trop mesuré pour certains, fit dire au député du Morbihan Marie-Joseph Lequinio de Kerblay, lui aussi conventionnel régicide : « Sans doute, en détruisant les restes du despotisme, il faut conserver les monuments des arts, mais il faut qu'au lieu d'être des objets d'idolâtrie, ils ne servent plus qu'à nourrir l'admiration des amis des arts, et l'émulation et le génie des artistes. »

Restait à achever l'œuvre de destruction en procédant au viol des sépultures et à l'exhumation des corps, ce qui fut fait en octobre 1793 dans un Saint-Denis devenu Franciade.

L'exhumation des corps

Les exhumations eurent lieu précisément du 12 au 25 octobre 1793, sans qu'aucun ordre ou texte officiel ne le mentionne clairement. On a préféré camoufler les faits avec un autre objectif, purement pratique celui-là. En effet, les révolutionnaires présents avaient principalement pour mission de fondre le plomb qui cernait les cercueils royaux pour en faire des « balles patriotes » et alimenter l'effort de guerre. On installa même une fonderie directement dans la basilique. Elle tourna à plein régime des semaines durant. Quant aux ossements, deux fosses communes furent creusées à l'entrée nord de la basilique afin de les y jeter, mélangés avec de la chaux et de la terre.

Que s'est-il donc passé autour de ce charnier, derrière les portes de la basilique, du 12 au 25 octobre 1793 ? Qui donc était présent ? Quelqu'un aurait-il pu profiter de la confusion générale pour subtiliser la tête d'Henri IV et d'autres reliques ?

De nombreux témoignages écrits ont été conservés qui permettent de reconstituer par bribes le cours des événements. Mais aucun ne mentionne le vol d'une tête. Encore moins celle d'Henri IV. À en croire les récits de témoins oculaires (dont celui d'Alexandre Lenoir), assez froids et au ton administratif, tout s'est déroulé dans le bon ordre et aucun d'entre eux ne fait mention d'un possible vol de restes royaux, ni encore moins d'une tête momifiée arrachée à son corps...

Et pourtant, d'autres lectures, des archives moins connues, venant d'autres témoins, non officiels ceux-là, laissent imaginer une tout autre réalité. D'après eux, durant ces quelques nuits, la nécropole des rois se serait transformée en véritable marché aux reliques. Des dizaines de cadavres ont été dépecés méthodiquement. Car, aussi étonnant que cela puisse nous paraître aujourd'hui, les reliques et restes humains de personnages illustres ont toujours eu une valeur symbolique et donc marchande forte. Et fait l'objet d'un trafic parfaitement accepté ou du moins toléré dans la société d'alors.

Reliques en libre-service

Les reliques (du latin *reliquiæ,* « restes ») sont les restes d'un saint personnage récupérés à sa mort : que ce soient des parties de son corps ou d'autres objets qu'il a sanctifiés par son contact (morceaux de la croix du Christ, par exemple). Il s'agit, non seulement de conserver ces restes matériels mais de les vénérer, de demander leur intercession auprès de Dieu, notamment dans les périodes de malheur, ou plus simplement de manifester un attachement à des modèles. Les reliques sont essentielles pour un culte des saints, encore vivant aujourd'hui.

C'est dire que la possession de reliques d'Henri IV, ou de tout autre personnage célèbre profane, procède d'une autre approche. Les « reliques » que collectent Vivant Denon, Alexandre Lenoir ou d'autres ne sont plus supports de foi mais sont en fait des objets de curiosité qu'on est fier d'accumuler et d'exhiber. Cela ne les empêche pas, comme le fit Vivant Denon, d'imiter parfois les traditions religieuses, allant même jusqu'à les présenter dans de faux reliquaires ou des reliquaires dont la fonction a été détournée. Donc, au-delà des saintes reliques de la tradition catholique ou orthodoxe, il existe aussi les reliques profanes. On imagine qu'outre le prestige de les posséder, on pourra en tirer certains pouvoirs, à la manière d'un talisman, capable d'apporter la force ou de guérir des maladies. Les rois de France sont en effet de droit divin. Ils sont oints par la Sainte Ampoule, lors de leur sacre. Ils ont en eux, selon la tradition, quelque chose de divin. C'est bien pourquoi ils peuvent guérir les écrouelles par simple contact physique avec les malades. Posséder un fragment de roi et le porter sur soi ou le laisser dans sa maison, c'est un peu comme se garantir contre la maladie, le mauvais œil.

À la Révolution française, le peuple est toujours sensible aux pouvoirs supposés de ces reliques, dont les trafics n'ont pas cessé depuis le Moyen Âge. Nombreux sont aussi les conservateurs, les collectionneurs, qui s'approprient une part du souvenir d'une personne illustre en conservant un fragment corporel, un lambeau de linceul, un clou de cercueil, etc. Une parcelle d'histoire de France en somme. À Saint-Denis, les profanateurs se voient offrir une occasion inespérée de se constituer d'inestimables collections.

Ce ne sont que des années plus tard, en 1815, au retour de la monarchie sous Louis XVIII, que les langues vont se délier et que l'on en apprendra un peu plus sur ce qui s'est vraiment passé autour des cadavres des Bourbons (et des autres dynasties royales) au cours de ces journées d'août et octobre 1793.

Ainsi, Henri Martin-Manteau, bibliothécaire originaire de Laon, joua les repentis après le retour au pouvoir des Bourbons. Il rendra à Louis XVIII des petits morceaux de ses aïeux, notamment d'Henri IV, qu'il avait volés à la Révolution. Voici sa déposition :

> « *Je soussigné Henri-Martin Manteau aîné, domicilié à Laon, département de l'Aisne, bibliothécaire de la mairie de ladite ville, déclare dans ma conscience la véracité des faits qui suivent :*
>
> *Je suis possesseur de parcelles et de fragments extraits des corps exhumés dans l'église de Saint-Denis en 1793. Ces objets sont :*
>
> *1° l'ongle du pouce de la main droite de Louis quatorze ;*
>
> *2° l'ongle du pouce du pied droit de Henry quatre ;*
>
> *3° des cheveux de Marie de Médicis, femme de Henry quatre.* »

Manteau avouera qu'il y a bien eu un vol généralisé de reliques dans la fosse commune ce soir-là. Il dit avoir réussi à s'introduire dans l'enceinte de la basilique grâce à la bienveillance de son ami dom Druon, un ancien bénédictin devenu archiviste de Saint-Denis. Et en avoir profité pour voler, comme d'autres, quelques morceaux de rois qui s'étalaient sous ses yeux, à portée de main chapardeuse. Il racontera être descendu dans la fosse à l'aide d'une échelle pour prendre lui aussi sa part du gâteau :

> « *Au même instant, je vis descendre un charretier du dépôt dont le dessein n'était pas équivoque : c'était pour outrager Louis XIV qui, dans le sein de la terre, ne devait plus redouter aucune main profane. Cet homme fit avec son couteau une large ouverture au ventre du prince ; il en retira une grande quantité d'étoupes qui remplaçaient les entrailles et servaient à soutenir les chairs. Ce spectacle donna lieu aux bruyantes et insultantes acclamations de la multitude.* »

Un autre témoin, Alexandre Joseph Guyot, se rappelle être allé à Saint-Denis alors que les opérations d'exhumation battaient leur plein. Dans son ouvrage *La Paix et l'union entre les Français,* il raconte en 1797 avoir vu un médecin debout dans la fosse pleine à craquer de cadavres Bourbons et tenant dans ses mains un crâne humain :

> « *Je ne sais dans le crâne de quel roi je le vis mettre les doigts de la main et en tirer une portion du cerveau qu'il porta sur sa langue pour savoir, disait-il, combien cette matière royale putréfiée était devenu rance.* »

Exagération littéraire ou réalité historique ? Notons au passage que s'il persiste des matières cérébrales dans ce crâne, c'est bien qu'*a priori* il n'a pas été scié...

August von Kotzebue relate même l'existence de « quelques poils de barbe d'Henri [IV] que depuis ce temps ils [les révolutionnaires] portaient dans des bagues comme une relique » (*Souvenir de Paris en 1804*). Le *Journal de Paris* mentionne au 29 août 1814 que « deux dents d'Henri IV, sa moustache et une manche presque entière de la chemise avec laquelle il avait été enseveli », sauvées de la profanation par un certain Desingy, ont été présentés au roi. La veuve Delecluse, dont nous avons déjà parlé, propose au même (Louis XVIII) une partie de la mâchoire d'Henri IV et une dent de Catherine de Médicis, subtilisés par son premier mari, un certain Brumont.

Même à l'étranger, la collection du comte d'Erbach (Allemagne) comporte notamment des souvenirs des pillages de la basilique de Saint-Denis : des fragments du cercueil en chêne et un fragment de la calotte crânienne d'Henri IV (*sic*), un fragment du muscle pectoral de la reine Anne d'Autriche, un lambeau du velours noir qui recouvrait le cercueil de Louis XIV, etc. À nouveau, des incohérences historiques rendent peu vraisemblable l'authenticité de certaines de ces reliques. On en reparlera…

Mieux, dans un numéro de 1874 de la revue *L'Intermédiaire des chercheurs et des curieux*, on trouve le courrier d'un médecin, le Dr Néphéles (un pseudonyme, très vraisemblablement), qui raconte la version des faits dont il a eu connaissance :

> « *Mon grand-père maternel avait été élevé chez les bénédictins de Lagny où il avait pour précepteur l'un deux, dom Coutance. Lorsque le couvent eut été fermé et ses habitants dispersés, dom Coutance, déguisé, revêtu d'habits séculiers, se réfugia dans Paris où il assista à toutes les scènes de la Révolution. Et c'est ainsi qu'il fut présent à Saint-Denis lorsque les tombes furent ouvertes. Il a dit à son ancien et cher élève que ce fut vers le soir que l'on arracha le corps d'Henri IV de son tombeau […]. Ils le placèrent debout contre un pilier, sans oser aller plus loin ce jour-là. Le cadavre y passa la nuit et ce ne fut seulement le lendemain que de nouveaux venus, se joignant aux anciens travailleurs, le frappèrent à coups de sabre et le mirent en pièces. Dom Coutance profita du tumulte et de la confusion qui accompagnèrent cette triste scène pour se saisir d'une grosse poignée de la barbe du Béarnais.* »

Enfin, dans les archives du musée Tavet de Pontoise se niche un détail intéressant. La veuve du Sieur Brulay dont nous avons pu admirer la collection de reliques a en effet consigné tous les événements de sa main en 1797. Elle témoigne qu'à Saint-Denis, devant le charnier, son mari, « qui était en admiration des grandes qualités d'Henri IV, suivit Messieurs les commissaires dans le dessein d'en recueillir quelques débris et comme il ne lui fut fait aucune objection, en retira quelques morceaux… » Ce témoignage, s'il est vrai (la veuve Brulay ayant tout intérêt à mettre en valeur et à légitimer sa collection) pourrait laisser sous-entendre que les commissaires censés encadrer les opérations d'exhumation comme Alexandre

Lenoir ont joué un rôle dans le dépeçage des corps. Peut-être l'ont-ils toléré, ne serait-ce qu'en fermant les yeux ?

Pour autant, nous ne pouvons oublier la contradiction d'Alexandre Lenoir décrivant « le crâne scié ». Certes, l'individu est sujet à caution… Et c'est peut-être dans cette incohérence que se trouve la clé de ce mystère. Car il n'y a guère que deux solutions possibles : ou la tête Bourdais n'est pas celle d'Henri IV, ou bien c'est la sienne et dans ce cas-là, Alexandre Lenoir s'est trompé ou a menti. Or, ce brillant conservateur du patrimoine est un amateur compulsif de reliques. Il est de notoriété publique qu'il a volé des poils de la moustache d'Henri IV, au moins ceux qu'il a donnés à Vivant Denon (conservés à Châteauroux et dont la traçabilité est fiable), ce qui ne plaide pas vraiment en sa faveur car il se garde bien de le mentionner dans son témoignage…

La caisse du chevalier Lenoir

Lenoir aura-t-il pu circonscrire sa tentation à quelques poils ? N'aurait-il pas été capable d'aller plus loin, jusqu'à désosser littéralement plusieurs cadavres ?

Dans la basilique de Saint-Denis est en effet conservée une mystérieuse caisse en chêne qui répond en partie à la question. Elle n'est pas visible du public, puisqu'elle se trouve dans la crypte d'Hilduin, sous terre, dans les entrailles du monument, un lieu hors du temps où ne pénètrent que de très rares personnes triées sur le volet.

Pour l'atteindre, il faut descendre par un accès exigu, fermé par une grille discrète foulée chaque jour sans le savoir par les visiteurs de la crypte. Une fois descendus, il faut suivre un minuscule couloir d'à peine un mètre de largeur pour un mètre et demi de hauteur. Ce corridor débouche sur une petite pièce, où trônent les cercueils des derniers représentants de plusieurs siècles de monarchie française : Louis VII, Louise de Lorraine, Louis XVIII et, juste devant, Marie-Antoinette et Louis XVI.

En effet, sitôt décapités sous la Terreur, leurs restes ont été jetés dans le cimetière de la Madeleine à Paris (à l'emplacement de l'actuelle Chapelle expiatoire). Mais Louis XVIII, de retour au pouvoir, ordonna l'exhumation de leurs corps présumés pour les replacer à Saint-Denis, ce qui fut fait le 21 janvier 1815. Il est bien difficile d'affirmer que ce sont bien leurs restes qui ont été enfermés dans ces cercueils. Marie-Antoinette fut ainsi reconnue parmi de nombreux autres ossements grâce à la seule chemisette blanche qu'elle portait le jour de sa mort... Faux cadavres ou vraies reliques, ces cercueils restent, face à nous, impressionnants.

La mystérieuse caisse est juste placée à côté, derrière un petit muret. Elle contient une incroyable collection de restes royaux volés par Alexandre Lenoir durant le saccage de la basilique en 1793. L'histoire de cette caisse s'avère des plus insolites. À l'intérieur, on trouve différents ossements, chacun étiqueté d'un morceau de papier précisant le nom de son propriétaire : omoplate d'Hugues Capet, fémur de Charles V, tibia de Charles VI, vertèbre de Charles VII, vertèbre de Charles IX, côte de Philippe le Bel, côte de Louis XII, mâchoire inférieure de Catherine de Médicis, tibia du cardinal de Retz (*sic* !)... Lenoir a eu la main leste.

Pour autant, il ne garda pas ces ossements chez lui mais les confia à l'un de ses amis médecins, M. Ledru, maire de Fontenay-aux-Roses en région parisienne. Alexandre Dumas évoque cette histoire dans son roman, *Les Mille et un fantômes*, publié en 1849. Il y raconte un dîner auquel il aurait participé, chez le maire de Fontenay-aux-Roses. Ce dernier lui aurait montré cette bien étrange collection de reliques :

« Monsieur Ledru alla droit à son bureau, et ouvrit un immense tiroir, dans lequel se trouvait une foule de petits paquets semblables à des paquets de graines. Les objets que renfermait ce tiroir étaient renfermés eux-mêmes dans des papiers étiquetés. – Tenez, me dit-il, voilà encore pour vous, l'homme historique, quelque chose de plus curieux que la carte de Tendre. C'est une collection de reliques, non pas de saints, mais de rois. »

À la mort de M. Ledru, en 1834, ces reliques passèrent dans les mains de sa veuve, Mme Ledru, née Lemaire, qui en fit don à son neveu M. Lemaire, sans lui en dire l'origine, mais en lui recommandant de les conserver avec le plus grand soin, ou de ne s'en séparer que pour les rendre à la terre. Ce n'est qu'à la mort de la veuve Ledru, en 1848, que M. Lemaire découvrit l'importance du dépôt qui lui avait été confié. Il trouva dans des papiers de famille une nomenclature de ces ossements royaux dont les titres correspondaient exactement avec certaines indications manuscrites écrites en abrégé et fixées sur chacune des reliques. Il garda longtemps ces précieuses dépouilles dont il ne consentit jamais à se défaire, et qu'il montra seulement à quelques personnes de son intimité.

Mais un jour qu'il admirait au Louvre la nouvelle collection d'objets de destination souveraine qui avaient été réunis sur ordre de Napoléon III, il décida d'offrir ces ossements à l'État afin qu'ils rejoignent le musée des Souverains. Sollicité, le surintendant des Beaux-Arts accepta la donation du neveu Lemaire et demanda ensuite son avis à Napoléon III, lequel refusa tout net d'en faire des pièces de collections pour le musée. Il est vrai qu'il ne s'agissait pas d'objets fabriqués pour les rois mais des témoignages de leurs corps, ce qui rendait logique leur retour dans leurs sépultures d'origine.

Cela ne s'est pourtant pas fait tout de suite et les ossements furent jetés pêle-mêle dans un simple carton vert et finalement laissés à l'abandon dans un grenier du Louvre. Il fallu attendre 1893 et un article du *Figaro* pour relancer l'intérêt autour de cette caisse de reliques. Ayant appris son existence grâce à l'un de ses contacts au Louvre, un journaliste attaqua l'État en critiquant vertement le peu de considération donnée à ces restes humains, abandonnés à la poussière et à l'oubli. L'affaire prit des proportions importantes, plusieurs journaux reprenant l'information. Des députés royalistes crièrent au scandale. Aussitôt, l'administration s'ébranla, enquêta, rechercha les pièces d'archives et reconstitua l'historique du parcours de ces ossements, jusqu'à la source[1] : Alexandre Lenoir. C'est notamment grâce à une étude graphologique de l'écriture sur les étiquettes attachées aux ossements que Lenoir fut incriminé... On imagine sans mal le consciencieux conservateur du patrimoine inscrire ces noms sur des petits papiers en 1793, peu après la profanation des sépultures. Pour être sûr de ne pas confondre les reliques entre elles, de ne pas les mélanger.

Finalement, fin août 1893, le ministère de l'Instruction publique et des Beaux-Arts décide que ces reliques doivent retourner à Saint-Denis. Une nouvelle caisse en chêne est fabriquée pour recueillir ces ossements, sur laquelle une plaque est gravée :

> *« Ossements déposés dans la basilique de Saint-Denis, au terme d'une décision du ministre de l'instruction publique, des beaux-arts et des cultes, en date du 2 août 1893, rendus sous le rapport du directeur des musées nationaux, et de l'école du Louvre. »*

Cette caisse sera l'une des rares collections de reliques volées à la Révolution qui aura finalement retrouvé son lieu d'origine.

1. Toutes les pièces conservées de l'enquête se trouvent dans le dossier « Les ossements royaux », sous-série H8 classé à 1864, Archives des musées nationaux, Paris.

Elle nous confirme aussi qu'Alexandre Lenoir n'a pas hésité à dépecer des corps, à arracher des ossements, plus ou moins gros. On est bien loin de quelques poils de moustache.

Alexandre Lenoir aurait-il pu garder pour lui d'autres pièces ? Et parmi elles, la tête entière d'un roi de France, celle d'Henri IV ? Quel lien existe-t-il entre cet homme et la vente aux enchères de 1919 où la tête momifiée réapparaît ?

Les exhumations de 1817

Un ultime document, conservé aux Archives nationales, laisse imaginer que certains rois ont effectivement pu faire l'objet de prélèvements conséquents, et même de démembrements. C'est le procès-verbal d'exhumation des restes royaux daté de 1817.

À cette époque, sous la restauration de la monarchie, Louis XVIII ordonna que l'on recherche et exhume les restes de ses ancêtres dispersés dans les fosses communes de Saint-Denis. Ayant été profondément marqué par les exactions révolutionnaires, notamment à la basilique royale, qui avait été vidée de ses trésors et transformée en vulgaire grenier à grains, il souhaita rendre au monument toute sa charge symbolique et mystique. Cela commença par la translation en grande pompe le 21 janvier 1815 des cendres de Louis XVI et de Marie-Antoinette. Les trésors de la basilique lui furent restitués, on replaça dans l'enceinte sacrée les tombeaux, le statuaire, les monuments funéraires qui avaient été épargnés et déposés au musée des Monuments français.

Enfin, l'ordonnance du 24 avril 1816, tout en rétablissant la dignité du sanctuaire royal, prévoyait la restitution des princes, princesses, rois et reines à leurs tombeaux. Pour Louis XVIII, il convenait de leur redonner une sépulture plus digne en les transférant dans deux ossuaires à l'intérieur de la basilique, un pour chaque dynastie :

> « *Les restes des rois, princes et princesses, dont les tombeaux ont été violés en 1793, et qui sont déposés dans deux fosses authentiquement reconnues et situées dans une partie du cimetière indiquée au plan, seront exhumés et recueillis avec les précautions convenables, et transportés dans les caveaux qui sont séparés*[1]. »

L'opération de fouilles et d'exhumation demanda une semaine entière, en janvier 1817, durant laquelle les ouvriers travaillèrent nuit et jour. Le marquis de Dreux-Brézé, grand maître des cérémonies de France, racontera dans un texte pompeux en forme d'éloge funèbre ce soir du 18 janvier lorsque, à la lueur des torches et des lampions, les restes des rois apparurent devant les pelles des ouvriers :

> « *Plusieurs personnes furent employées à extraire de la terre avec les mains ces ossements. Ils furent recueillis avec une attention toute particulière et rangés dans plusieurs cercueils en bois peints en noir et fleur de lys distinguant toujours ceux des deux fosses [...]. Huit gardes du corps précédés par M. le comte de Guyancourt et moi descendirent dans les fosses, prirent et portèrent successivement dans la chapelle ardente tous les cercueils remplis d'ossements [...]. Un silence solennel règne partout, on n'entend que la voix d'un prêtre qui récitant des prières semble inviter les augustes âmes d'abandonner le fond de l'abîme où le crime les avait relégués. C'est au milieu de ce calme majestueux et à la lueur d'une prodigieuse quantité de flambeaux disséminés sur la surface irrégulière du cimetière, c'est à cette lueur rendue plus lugubre encore par les reflets des recoupes du terrain et surtout par l'immense édifice de l'église que s'est passée cette scène aussi belle, aussi grande que difficile à décrire*[2]. »

---

1. *Recueil général des lois, décrets, ordonnances depuis le mois de juin 1789 jusqu'au mois d'août 1830*, Paris 1839.
2. *Relation des travaux exécutés dans le cimetière de l'ancienne abbaye royale de Saint-Denis pour l'exhumation des dépouilles mortelles des rois, reines,*

Ironie de l'histoire, Alexandre Lenoir fera partie de ceux qui participèrent à cette lugubre entreprise et il sera l'un des signataires du procès-verbal. Tombé quelque peu en disgrâce après le retour de Louis XVIII qui avait moyennement apprécié que son musée expose les tombeaux confisqués de ses ancêtres, il termina sa belle carrière de conservateur comme simple administrateur de la basilique de Saint-Denis. Un retour aux sources en quelque sorte.

Durant les exhumations, les témoins signataires du fameux procès-verbal mentionnent que dans la fosse commune réservée aux Bourbons, ils n'ont trouvé que des ossements mélangés exceptées « les portions inférieures de trois corps, gisant dans leur position naturelle sans adhérence au surplus du corps dont ils avaient été séparés ». Faut-il en déduire que, de tous les cadavres, il ne restait rien d'entier hormis trois corps sans tête ou sans tronc ? Précisons que, coïncidence troublante, le brocanteur Joseph Émile Bourdais spécifia dans son livre avoir acheté à Drouot en 1919 la tête momifiée dans un lot comprenant aussi deux crânes humains. Mais il ne fait plus mention par la suite de ces deux autres spécimens, hélas.

---

dauphins, dauphines, princes et princesses, enfants et petits-enfants de France et autres personnes illustres arrachées à leurs sépultures volées en octobres 1793 et janvier 1794 et rendus à leurs tombeaux le 19 janvier 1817, Archives nationales, O3527.

Chapitre 7

Dernière ligne droite

Un toxicologue au chevet d'Henri IV

C'est dans le service du Dr Joël Poupon à l'hôpital Lariboisière à Paris que nous avons rendez-vous. Les scientifiques doivent valider leurs dernières conclusions sur les études toxicologiques menées depuis plusieurs semaines.

Le rôle de Joël Poupon est primordial au sein de l'équipe, l'analyse élémentaire étant un outil indispensable aux paléopathologistes pour affiner leurs diagnostics. Ainsi, là où les généticiens plongent à l'intérieur des cellules d'un individu, lui s'intéresse aux éléments (et notamment aux métaux) qui sont venus se déposer à la surface des corps, comme le plomb que l'on devrait retrouver en quantité (les cercueils de rois étant notamment faits de plomb), les possibles traces de plâtre d'un masque mortuaire ou encore le « tatouage » retrouvé à la base du cou.

Une peinture en noir d'ivoire

La nature exacte de cette pigmentation bleu-noir reste un mystère jusqu'à ce qu'une analyse « Raman » permette de l'identifier. En pratique, l'échantillon est éclairé par une lumière monochromatique (photons de même fréquence) fournie par un laser, puis la lumière diffusée est analysée afin d'obtenir un spectre de vibrations, qui peut être considéré comme une carte d'identité du composé. Joël Poupon nous apprend donc qu'il s'agit en réalité de noir d'ivoire, c'est-à-dire du charbon réalisé à partir d'os d'animaux. Mais comment expliquer sa présence sur la tête momifiée ?

Des traces blanchâtres au masque mortuaire

L'analyse des traces blanchâtres retrouvées sur le visage de l'individu (plus exactement sur les os malaires gauche et droit, et sur le pariétal gauche) a confirmé l'intuition du brocanteur Bourdais. Elles sont d'ailleurs absentes de la partie postérieure de la tête. Leur analyse élémentaire a montré une composition classique d'un plâtre moderne, compatible avec celui du masque funèbre réalisé lors de la fabrication du double du roi en 1610.

Les isotopes à la rescousse

Enfin, le plomb a fait l'objet d'une attention toute particulière. Et le toxicologue est parvenu à le faire parler… La grande difficulté à laquelle les scientifiques ont été confrontés a été l'absence d'ADN exploitable. Mais ce potentiel obstacle a pu être retourné grâce à un autre procédé scientifique : la comparaison des rapports isotopiques du plomb des reliques présumées d'Henri IV de Pontoise (pouce gauche, poils et cheveux) et ceux de la tête momifiée. Il se trouve que ce rapport est tout à fait comparable.

Le fait que ces échantillons présentent la même signature isotopique du plomb signifie qu'ils ont été exposés à un même contenant de plomb. Donc qu'ils ont une sorte de « parenté ». Cette « signature » n'est pas propre aux individus (comme l'ADN), mais liée à la source du plomb utilisé pour couler l'objet métallique qui les a contaminés (en *post-mortem*, dans le cas présent). En conséquence, si le rapport isotopique est le même, c'est que les restes ont séjourné longtemps dans le même contenant, donc qu'ils proviennent du même cercueil : le contenant initial à Saint-Denis ?

Le faisceau d'arguments en faveur d'une identification de cette tête comme appartenant bien à Henri IV commence à être assez dense. Surtout, aucun argument contre cette hypothèse n'est encore apparu. Il ne reste plus à réaliser que des examens microscopiques complémentaires et attendre les résultats de la datation de la momie. Et répondre encore à quelques dernières interrogations.

Avec l'art des Italiens

Car le mystère de l'embaumement de cette tête résiste encore et toujours à l'entendement. Pourquoi cette tête n'a-t-elle pas été sciée comme c'est très fréquemment le cas chez les rois de France, mais aussi chez de nombreux membres de l'élite française ? Il faut impérativement continuer les investigations sur l'embaumement d'Henri IV, mais aussi déterminer si tous les rois de France se sont fait retirer la cervelle, s'il y a des exceptions, les quantifier et les expliquer. Nous axons nos recherches autour des treize signataires du procès-verbal d'autopsie d'Henri IV : Martel, Pigray, Guillemeau, Regnaud, Garde, Jarret, Berard, Robillard, Petit, Miron, etc. L'embaumeur est peut-être parmi eux. Peut-être l'un de ces médecins a-t-il rédigé une méthode d'embaumement qui ne prévoit pas d'éviscération du crâne ? Peut-être même existe-il un texte précis de l'un d'eux évoquant le cas Henri IV ?

C'est au cours de ces recherches que resurgit une information capitale : dans son *Histoire des Girondins* (1847), Lamartine donne une description des profanations de Saint-Denis, et précise qu'« Henri IV, embaumé avec l'art des Italiens, conservait sa physionomie historique. Sa poitrine découverte montrait encore les deux blessures par où sa vie avait coulé. Sa barbe parfumée et étalée en éventail comme dans ces images... » Une information certes très tardive (on est plus de quarante ans après l'exhumation), mais manifestement, Lamartine était bien renseigné. Hélas, on ignore sa source...

À quoi correspond donc « l'art des Italiens » ? On trouve peut-être un début d'explication de cette expression utilisée par Lamartine dans un article de Camille Le Mercier paru dans le *Journal de Dinard* le 30 août 1924 :

> *« C'est, à la base du cou, derrière la tête, une large marque caractéristique, d'un bleu noir, dont on ne s'explique l'origine qu'en l'attribuant au vernis opaque dont les Italiens recouvraient sous les bandelettes, les corps des morts qu'ils embaumaient. Nous savons en effet que la dépouille d'Henri IV fut traitée d'après un procédé italien d'embaumement, introduit en France avec les Médicis. »*

Les recherches bibliographiques sont presque vaines sur ce sujet, et décision est prise de contacter directement nos confrères italiens et notamment la *dottoressa* Rosa Boano, une anthropologue italienne (Turin) spécialisée sur ces questions de l'embaumement en Italie médiévale et à la Renaissance. Elle nous révèle que des fouilles archéologiques réalisées en 2004 dans les tombeaux des Médicis à la basilique de San-Lorenzo à Florence en Italie ont mis à jour de nombreux crânes. Ces derniers ont été analysés. Or, la majorité de ces crânes n'étaient pas sciés.

À partir de données publiées par l'équipe de Fornaciari sur ces sépultures et celles des familles d'Aragon (en résidence à Naples et d'origine espagnole), il est possible de faire quelques observations. Il apparaît qu'au sein de la famille Médicis, il existe une éviscération des organes dans les cavités thoraciques et abdominales avec embaumement interne, mais respectant la tête (pas de craniotomie). En revanche, dans la famille d'Aragon, une excérébration est la norme dans la quasi-totalité des cas étudiés. Par ailleurs, squelettes à l'appui, il s'avère que la craniotomie ne fut jamais pratiquée avant la création du Grand-Duché de Toscane par Cosme Ier en 1535 et qu'au décours les exceptions sont très nombreuses (s'agit-il d'une imitation mesurée ou ponctuelle des pratiques étrangères et notamment française, mais sans grand engouement ?). Dans tous les cas, vers 1610, les sciages du crâne sont rarissimes chez les Médicis et limités aux pièces rapportées (aux XVIIIe et XIXe siècles, cela sera beaucoup moins net).

Quelques chiffres s'imposent. Sur la totalité des corps des Médicis de Florence (San Lorenzo) étudiés par l'équipe de Gino Fornaciari entre 2004 et 2006, sur 21 sujets, 9 avaient été embaumés et 4 seulement avaient une craniotomie : Cosme Ier (1574), Filippo (1582), Ferdinand Ier (1609) et Francesco (1614). Parmi les non craniotomisés, citons le cardinal Giovanni (1562) ou encore François Ier (1587). On peut donc dire que la méthode de sciage de la voûte crânienne n'est vraiment pas systématique dans ce contexte chrono-culturel, et même minoritaire ! Dans sa publication de 2007, Fornaciari avoue que la raison de ce respect de l'extrémité céphalique n'est pas claire, peut-être destinée à éviter de défigurer la tête au moment de l'exposition funéraire (p. 331).

Alors, cet « art des Italiens », ne serait-ce pas cette longue tradition d'embaumement accompagnée d'un complet respect du crâne ? Sachant en plus Marie de Médicis au Louvre le jour de l'assassinat, il est fort probable qu'elle ait demandé à ce que son mari soit embaumé avec l'art de ses ancêtres italiens. Cette information est donc capitale.

Mais ce n'est pas tout. Poursuivant nos recherches bibliographiques avec notre collègue turinoise, nous avons trouvé le nom du médecin ayant pratiqué l'embaumement d'Henri IV.

Il s'agit de Pierre Pigray (1532-1613), l'un des signataires du rapport d'autopsie du 14 mai 1610. Dans ses écrits, il donne le menu détail de sa méthodologie :

> *« Et si après avoir fait tout ce qui a été possible selon l'art, et néanmoins pour la grandeur de la blessure le patient vient à mourir : si c'est un seigneur ou homme de qualité, comme il advient souvent, et qu'il faille conserver et garder le corps, nous en baillerons ici les remèdes. »*

Ainsi commencent ses instructions d'embaumement. Comment il ouvre et baigne le corps, comment il retire les viscères. Il décrit aussi dans son traité d'embaumement l'usage du charbon, recommandant cette matière première afin d'en disposer à la surface du cadavre avant le bandelettage, pour absorber les mauvaises odeurs et les éventuelles humeurs liquides (on imagine sans peine que la tête est épargnée par ce dépôt noirâtre *post-mortem*, afin de garder son aspect et sa couleur naturelle en cas d'exposition). Or, le noir d'ivoire identifié à la base du cou est un charbon animal, c'est-à-dire un composé particulièrement dense, propice à une meilleure absorption que le charbon végétal. Pierre Pigray (comme Jacques Guillemeau et Ambroise Paré, d'ailleurs, respectivement dans leurs *Œuvres* et *Livres de Chirurgie*) font référence à un usage de cendres pour enduire la surface corporelle et, si nécessaire, l'intérieur des cavités. Ils ne précisent pas la nature de celles-ci : végétale ou animale.

Quant au bandelettage, des traces indirectes sont encore visibles au niveau du nez de la momie, dont les tissus mous sont écrasés vers le côté gauche, de la pomme d'Adam et de la nuque, dont la peau porte encore la marque d'une pression transversale qui a comprimé les chairs sous-jacentes.

Qui a vu Henri IV avec un crâne scié ?

Crâne scié alors, ou pas, pour Henri IV ? Comment donc expliquer cette archive contradictoire de Lenoir ? A-t-il menti délibérément ou s'est-il simplement trompé dans son récit ?

En se replongeant dans les témoignages de l'époque, on constate une réelle incohérence. Tout d'abord, le texte de Lenoir qui décrit les profanations de Saint-Denis semble n'être que la copie conforme d'un autre texte plus ancien et que l'on a longtemps cru anonyme, le « Journal d'extraction des cercueils de l'abbaye de Saint-Denis ». Visiblement, Lenoir aurait fait un simple « copier-coller » de ce texte pour rédiger son témoignage, tout en y rajoutant des anecdotes, des détails croustillants, destinés à se mettre en valeur, ou à agrémenter son texte de faits romanesques ou « hyper-authentiques » : notamment l'épisode d'Henri IV et de son crâne scié ? A-t-il voulu homogénéiser son propos ? Comme de nombreux autres rois avaient le crâne scié, n'a-t-il pas voulu rajouter ce détail pour « faire vrai » ? Impossible à dire... D'autres auteurs ajouteront également des récits dont la véracité n'est historiquement pas attestée, tel celui d'un révolutionnaire giflant le visage du roi, un autre lui arrachant la barbe, un troisième le décapitant avec son sabre. On est clairement dans l'exagération, dans l'imaginaire, même.

Alerté par cette incohérence, le directeur scientifique des Archives nationales, Bruno Galland, décide de décortiquer méthodiquement tous les récits des profanations de 1793 connus à ce jour et conservées dans différentes institutions (Archives nationales, Bibliothèque nationale de France, Archives de Paris, etc.). Un travail minutieux où chaque archive est étudiée sous toutes ses facettes, dans son contenu, dans sa forme, dans sa graphie. L'idée est de les classer, de les dater, de les comparer puis de relever les contradictions ou les aberrations. De cet implacable examen, il ressortira de bien surprenantes conclusions.

Ces documents sont l'œuvre des officiels en charge des opérations occupant une fonction connue durant les événements. Il s'agit des témoignages de l'ancien bénédictin dom Druon, d'Alexandre Lenoir, de religieux de Saint-Denis, dom Laforcade, l'abbé de Verneuil, de Tinthouin, officier de la garde nationale, de Pierre Latreilhe et Jean Kohler, notables de la commune de Saint-Denis, commissaires nommés pour surveiller l'exhumation.

Ceux-là ne parlent pas de vols de reliques ou de dépeçage généralisé des corps, loin de là. En étudiant ces versions officielles considérées jusqu'alors comme fiables, Bruno Galland finit justement par les remettre en doute. Elles lui semblent trafiquées, arrangées. En un mot, justement, pas fiables du tout.

En effet, le directeur scientifique s'est aperçu que pour rédiger leurs témoignages sur les événements, la plupart des témoins n'ont fait que reproduire des années plus tard, à l'identique et mot pour mot, le récit autographe le plus ancien, celui de dom Druon, le « Journal historique de l'extraction des cercueils royaux de l'abbaye de Saint-Denis » (conservé aux Archives nationales, AE1 15). Ce document de dom Druon n'est en fait que la copie exacte du seul témoignage officiel écrit *in situ* à Saint-Denis durant les profanations, celui de dom Germain Poirier, bénédictin de l'abbaye. Mais ces notes disparaissent dans l'incendie de la bibliothèque de Saint-Germain-des-Prés en 1794. Notons au passage qu'il est faux de dire qu'il ne subsiste aucun document d'archives provenant de dom Poirier : le département des manuscrits de la BNF conserve sous les cotes « Fond français 20800-20852 » une collection de 53 volumes des « Papiers du bénédictin dom Germain Poirier (mort en 1803) sur l'Histoire de France, l'histoire de l'abbaye de Saint-Germain-des-Prés, etc. » D'autres archives sont déposées à la bibliothèque de l'Arsenal (Paris), mais aucune ne concerne l'extraction des corps royaux à Saint-Denis.

Chaque témoin a donc recopié intégralement le récit de dom Druon tout en y rajoutant quelques remarques personnelles ici et là. C'est le cas pour le fameux détail du « crâne scié d'Henri IV », détail que l'on ne retrouve que dans les seuls textes d'Alexandre Lenoir et du soldat Tinthouin. Les deux textes de Lenoir et Tinthouin étant exactement les mêmes, l'un des auteurs a donc rajouté ce détail dans son témoignage, que l'autre a repris textuellement par la suite.

Bruno Galland confirme aussi que les deux suspects n'ont pas rédigé leurs récits *in situ* ou quelques jours plus tard, mais bien des années après les faits, rendant les souvenirs lointains et incertains. Nous ne connaissons pas la date précise de rédaction du rapport de Tinthouin bien qu'il soit postérieur à 1794. Quant à Lenoir, il ne fait apparaître le détail du crâne scié qu'en 1801 dans son *Musée des Monuments français ou Description historique et chronologique des statues en marbre et en bronze, bas-reliefs et tombeaux des hommes et des femmes célèbres, pour servir à l'Histoire de France et à celle de l'Art*.

Ce dernier est aussi l'auteur d'un dessin en couleur (à la plume rehaussé d'aquarelle) qui aurait été fait d'après nature, si l'on en croit la mention manuscrite : « Momie de Henri IV dessinée d'après nature le 12 octobre 1793 époque de son exhumation par Lenoir », c'est-à-dire bien plus tôt que sa description de la profanation des tombeaux où il relate le sciage du crâne. Or, sur ce croquis, nulle trace de crâne scié...

Alors qui est l'auteur d'origine de cette version du récit des exhumations ? Tinthouin ou Lenoir ? Difficile de le dire. Mais il est possible en revanche que l'auteur de l'anecdote du « crâne scié » ait pu commettre une erreur en rédigeant son témoignage longtemps après les faits. Ayant vu passer devant lui tous les rois avec un crâne scié ou presque, il aurait pu confondre, ou être tenté d'harmoniser son récit.

Dans son compte-rendu daté du 30 frimaire an II[1] (20 décembre 1793), soit deux mois après les profanations de Saint-Denis, Alexandre Lenoir décrit l'état des corps d'Henri IV, Turenne, Louis XIV et Louis XV. Il précise juste après cette énumération, que « leurs cerveaux avaient été vidés et remplacés par de l'étoupe ». Difficile de croire Lenoir quand on sait que Louis XV n'a pas été embaumé (et *a fortiori* son crâne n'a pas été scié). Parle-t-il alors de Louis XIV ? De Turenne ? Et même d'Henri IV ? Force est de constater qu'il est tout sauf précis dans ses déclarations… et dans ses souvenirs.

1. « Papiers Lenoir, Archives du musée des Monuments français 1791-1816 », Archives nationales, Paris, F17*/24/3 folio 130.

Chapitre 9

À la poursuite du voleur de tête

De Lenoir à Nallet

Reste à expliquer comment la tête momifiée d'Henri IV a pu traverser l'Histoire pour finir dans les mains d'une artiste peintre de Montmartre. Et si Lenoir est bien le voleur, qu'est-ce qui pourrait le relier lui, le conservateur du patrimoine mort en 1839, avec l'artiste parisienne décédée en 1909 ?

Du côté d'Emma Nallet-Poussin, nous ne trouvons que des bribes d'informations. Artiste à Montmartre, élève de Gigoux, Rudder et Valadon, elle exposa au Salon de 1880 à 1893 des peintures, des dessins et des sculptures. Elle a passé une partie de sa vie à Bois-Colombes où elle était inscrite dans différentes associations caritatives et donnait des cours de peinture. Ensuite, elle se marie avec M. Nallet (illustre inconnu) mais on ignore quand précisément. Puis elle part vivre à Paris rue Nollet avant de déménager à proximité de la colline de Montmartre, rue Bellefond, dans le 9e arrondissement. Assurément indépendante (les femmes artistes étaient rares à cette époque), elle n'a pourtant pas laissé de grande trace dans l'Histoire, excepté quelques-unes de ses œuvres. À son décès en 1909, personne ne viendra récupérer ses affaires personnelles. Et c'est un garde-meuble qui sera finalement autorisé par la justice à vendre le tout aux enchères dix ans plus tard. Dans le lot en question, se trouvent les deux crânes et la tête momifiée, rachetés, comme on le sait, par Bourdais pour la somme royale de 3 francs.

Dans le numéro de *Ouest-Éclair* daté du 9 septembre 1924 se niche cependant un indice. Un lecteur réagit à un article de presse concernant Joseph Émile Bourdais qui vient de s'installer à Dinard et qui fait parler de lui dans les journaux locaux. M. Montmorillon, retraité à Angoulême, fait savoir dans le courrier des lecteurs qu'il a connu Emma Nallet-Poussin, l'ancienne propriétaire de la relique. Elle la gardait, en effet, sous verre dans son appartement parisien.

> « *Ce qui m'avait frappé dans cet héritage transmis depuis la Révolution, c'était, sur la vitrine extérieure, derrière le crâne, les armes des templiers, dessinées sur papier et collées. [...] Pendant la guerre, je perdis de vue Mlle Poussin qui mourut. Je l'apprends par votre article car elle ne se serait pas séparée d'une relique à laquelle elle tenait moins pour sa valeur propre que par esprit familial.* »

Héritage familial ? C'est une piste. Une autre apparaît aussitôt, créant le doute. Si Lenoir est le voleur, il a peut-être souhaité transmettre la tête d'Henri IV à l'un de ses enfants. Après tout, pourquoi pas ? Une pareille relique ne se vend pas. Elle se garde, se transmet, se donne à la limite. Pour un collectionneur, la tête d'Henri IV n'a pas de prix. Or, non seulement le petit-fils d'Alexandre Lenoir, Alfred, était de la même génération qu'Emma Nallet-Poussin mais, comme elle, il était artiste sculpteur à Paris. Difficile d'imaginer qu'ils ne soient pas croisés dans le microcosme des artistes qui exposaient au Salon. Se sont-ils connus ? Est-ce là la clé du mystère ? Le fil est fragile. Mais il existe.

Un autre lien paraît plus solide, mais il est indirect. Ce rapport entre Alexandre Lenoir et Emma Nallet-Poussin ? Peut-être son grand-père, Jean Étienne de La Vallée-Poussin, dont Alexandre Lenoir a préfacé un recueil posthume de ses planches décoratives : *Nouvelle collection d'arabesques propres à la décoration des appartements, dessinées à Rome par Lavallée Poussin et autres célèbres artistes modernes, et gravées par Guyot, précédé d'une notice historique sur le genre arabesque et d'une explication raisonnée des planches de la collection par M. Alexandre Lenoir, administrateur du musée impérial des Monuments Français, Conservateur des Objets d'Art de la Malmaison* (Paris & Strasbourg, Treuttel & Würtz, 1810). S'ils se sont connus (et manifestement estimés), peut-être se sont-ils échangés des présents ? Peut-être Lenoir a-t-il prêté la tête à La Vallée-Poussin dans un cadre artistique ?

Liste de suspects

Du côté des profanateurs de Saint-Denis, examinons les suspects potentiels et leur lien éventuel avec Nallet-Poussin. En réalité, la liste n'est pas si longue. Contrairement à une idée répandue, ce ne sont pas des hordes de vandales qui ont dévasté la basilique et mutilé les corps dans l'anarchie la plus totale. C'est en comité restreint, en petite équipe que s'est joué le drame.

Ainsi, lors de la première vague des profanations de Saint-Denis en août 1793, il y avait effectivement eu des débordements. À l'intérieur de l'abbaye avait régné l'anarchie la plus totale, encouragée par le maire de Saint-Denis, un ancien prêtre qui voulait sûrement faire oublier son passé et montrer sa loyauté. Par excès de zèle, il avait devancé la date fixée par la Convention pour l'enlèvement des premiers tombeaux et ouvrit la porte de l'abbaye le 6 août au lieu du 10 comme prévu initialement. Le peuple se mêlant aux ouvriers, il en coûta de nombreuses destructions et la Commission des monuments s'en plaignit. Pour empêcher les mêmes débordements du mois d'août et prévenir en même temps d'éventuelles transmissions de maladies, la mairie de Saint-Denis décida, pour les « travaux » d'octobre, d'interdire l'accès à la basilique.

On peut lire dans un procès-verbal conservé aux Archives nationales que le 12 octobre, jour de l'ouverture du cercueil d'Henri IV, le conseil municipal ordonna « que les citoyens qui sont présents dans l'église sont appelés à se retirer, que les portes seront fermées [...], que seuls les ouvriers employés à l'exhumation pourront rentrer mais munis d'une carte signée des officiers municipaux et marquée du cachet de la commune [...], il sera requis et établi une force et une garde suffisante pour empêcher l'entrée aux citoyens ». Le « Dossier de la maison royale de 1817 », où sont conservées les archives officielles relatant les profanations, révèle également qu'à peine une dizaine d'ouvriers étaient présents pour réaliser les exhumations. Ce qui est peu. On peut arriver à ce chiffre en faisant un calcul élémentaire à partir de la facture payée pour la main-d'œuvre durant les treize jours d'exhumation du mois d'octobre : 742 livres pour 91 journées de travail à 7 livres/jour.

En tout, il ne devait donc y avoir que quelques dizaines de suspects qui ont dû montrer patte blanche pour rentrer dans la basilique : quelques gardes, une dizaine d'ouvriers, quatre commissaires et des connaissances de ces derniers (dont Charles Brulay et dom Coutance, Manteau...), quelques habitués des lieux (l'ancien bénédictin dom Druon et l'abbé Verneuil ou encore Gautier, l'organiste de l'abbaye).

Voici donc la liste de suspects. Le voleur potentiel de la tête d'Henri IV est parmi eux. Mais lequel est-ce ?

Trois noms sont sous le feu des projecteurs : Charles Brulay (le voleur de reliques conservées aujourd'hui au musée Tavet-Delacour de Pontoise qui s'est servi dans la fosse), Henri Martin Manteau (le repenti), Alexandre Lenoir (sans oublier Tinthouin, mais nous n'avons aucune information sur lui). On l'a vu, tous trois se sont allégrement servis en ossements dans les cercueils. Alors pourquoi ne pas prendre une tête ?

Un touche-à-tout de génie

Alexandre Lenoir (1761-1839), notre suspect numéro 1, n'est pas n'importe qui. C'est un véritable personnage de roman. Natif de Strasbourg, rien ne prédestinait ce fils de commerçant aisé (son père était bonnetier) à un brillant avenir de conservateur du patrimoine. Né le 26 décembre 1761, Alexandre est le seul garçon d'une famille recomposée comptant cinq filles (son père se remaria en secondes noces à sa mère, Louis Catherine Adam, fille de Nicolas Marie Adam, boucher de son état). Cet enfant, seul de son sexe à la maison, s'est toujours vu le chef chez lui après son père, ce qui va forger son caractère entreprenant. Vers quinze ans, il quitte ses parents et fait d'assez bonnes études à Paris, au collège des Quatre Nations, où est logé aujourd'hui l'Institut de France. Il s'y constitue une solide connaissance en matière d'histoire mais aussi de théâtre, grâce à la bibliothèque de l'école, la plus importante de France à l'époque avec ses 60000 livres. Il aurait ensuite voulu être peintre et s'est inscrit dans cette optique à l'école de l'Académie royale, fréquentant régulièrement les cours. Assez vite cependant, il se rend compte qu'il manque de talent et que jamais il ne sera un grand artiste. Il s'ouvre dans le même temps aux thèses réformatrices de l'époque, nées de cette génération des Lumières qui va changer le monde. Il s'instruit des idées nouvelles, participe à des discussions philosophiques et décide de devenir franc-maçon.

Ce touche-à-tout, qui n'aurait sans doute jamais fait parler de lui dans d'autres circonstances, va pourtant se retrouver face à des événements qui vont le transcender, lui permettre d'exprimer sa sensibilité aux choses de l'art et de révéler en lui un véritable talent. Alexandre Lenoir est l'un de ces héros modestes qui accélèrent l'Histoire en silence et que la postérité ne reconnaît que bien tardivement.

Il restera en effet à jamais le génial inventeur de la muséographie et le conservateur du patrimoine qui sauva des centaines œuvres d'art durant la période révolutionnaire. Dans les premières années de la Révolution, en effet, les biens du clergé et des aristocrates exilés ont été confisqués. Dans le même temps, le vandalisme révolutionnaire menaçait tous les symboles religieux et ceux de l'Ancien Régime, depuis les œuvres d'art jusqu'aux effigies en passant par les tombeaux (le terme de « vandalisme » a été prononcé pour la première fois à la barre de l'Assemblée avant d'être popularisé, par l'abbé Grégoire, en janvier 1794).

À l'intérieur même du Comité de salut public, on débattit sur le sort à réserver à ces œuvres symboles du régime déchu. Fallait-il les préserver ou laisser le peuple les détruire ? La question ne se trancha pas en quelques minutes mais l'idée de les préserver a finalement dominé. Ainsi, tandis que l'on votait des lois liberticides généralisant la guillotine à tout ennemi supposé de la Révolution sans autre forme de procès, le Comité de salut public décidait de sauvegarder les œuvres les plus remarquables que le génie humain avait engendré du temps de la monarchie.

Dans les châteaux et églises d'Île-de-France, Alexandre Lenoir sera l'un des membres de la Commission des monuments historiques qui s'acquitta de cette tâche avec le plus de ténacité.

Parvenant, parfois au péril de sa vie, à arracher aux pilleurs des centaines de monuments d'art, statues, peintures, tombeaux, vitraux, il les réunit dans le couvent des Petits-Augustins à Paris (aujourd'hui l'École nationale des beaux-arts). Il va ensuite militer activement pour l'ouverture au public de cet entrepôt dont il avait la garde, transformant en 1795 son atelier de sauvetage en musée. Ce musée ne fut rien de moins que le premier de l'histoire de France, celui des Monuments français.

Tout de suite, ce fut un grand succès. Le public venait y contempler à la fois des œuvres d'art mais aussi des « reliques » des fastes monarchiques et des témoignages de l'histoire de France. La grande trouvaille de Lenoir, qui peut paraître anecdotique aujourd'hui, va être de présenter ces œuvres chronologiquement, selon la logique des temps, chaque salle du musée accueillant une vision de l'art au travers de périodes classifiées pour la première fois, depuis la Grèce antique jusqu'à la Révolution. Certains attribuent même à Alexandre Lenoir la paternité du mot « Renaissance ». Comme précisé dans l'*Almanach impérial* de 1813, « ce musée établi rue des Petits-Augustins, faubourg Saint-Germain, est consacré aux monuments de l'histoire de France, qui y sont chronologiquement placés pour servir aussi à celle de l'art ; il est divisé par siècles et autant de salles que l'art en France offre d'époques remarquables. Ces salles sont décorées par M. Lenoir, selon le goût du temps, avec des débris d'anciens monuments de chaque époque ». Le catalogue qui en est publié est réédité huit fois jusqu'en 1815.

C'est grâce à ce trait de génie et à son talent de scénographe que les conservateurs du patrimoine du monde entier connaissent aujourd'hui son nom et sa vision avant-gardiste de l'histoire de l'art. Convaincu que toutes les sculptures, peintures, vitraux, éléments architecturaux qui arrivaient dans son entrepôt constituaient le socle pour bâtir l'identité d'une nation, sans considération religieuse ou politique, Alexandre Lenoir va user de nombreux stratagèmes pour les préserver (notamment les œuvres du Moyen Âge, considérées comme décadentes et vouées massivement à la destruction).

Pourtant, derrière le brillant conservateur se cache un homme controversé, dont le goût immodéré des reliques d'hommes célèbres était, à l'époque, aussi connu que ses faits d'armes de sauveur du patrimoine. Il s'adonna à des trafics de restes humains par goût mais aussi par nécessité financière, pour les vendre et enrichir les collections de son musée (l'œuvre de sa vie) ou pour en assurer les dépenses courantes. Parfois, il profita de missions officielles pour s'accaparer des reliques comme à Saint-Denis lors de l'ouverture des cercueils de la nécropole royale en 1793. Mais il profana des sépultures de sa propre initiative comme avec les restes de Boileau, de Descartes, de Molière ou d'Héloïse et Abélard, dérobés à son profit.

Durant toute cette période trouble, entre la Terreur révolutionnaire et le retour de Louis XVIII sur le trône, Alexandre Lenoir est devenu l'un des plus grands collectionneurs de véritables reliques de l'histoire de France. Évidemment, on imagine sans peine que pour le collectionneur compulsif de reliques qu'il était, la tête momifiée d'Henri IV aurait représenté un trophée de choix !

Beaucoup de ceux qui avaient volé des reliques au moment des profanations vont se glorifier, à la Restauration, d'avoir sauvé quelques parcelles de la furie révolutionnaire. Au moment de restituer ces restes à l'autorité royale, chacun espère alors obtenir une récompense. L'exemple des peintres Pau de Saint-Martin et Martin Drölling rendant à Louis XVIII les lambeaux des cœurs de Louis XIII et Louis XIV, et gratifiés chacun d'un objet en vermeil, est caractéristique. Ou encore le cœur du Régent, restitué lui aussi par un peintre et désormais déposé à la chapelle royale de Dreux[1]. Ces restitutions sont l'occasion d'exalter le courage du « voleur » devenu un « sauveur ». Pour Alexandre Lenoir, la position est toute autre car il en a fait commerce.

Ainsi, à la Restauration, en 1815, la progression de la carrière du conservateur Lenoir marque le pas. Il avait jusque-là réussi à traverser les régimes sans trop d'encombre. Le roi ordonna la fermeture définitive du musée des Monuments français qui osait exposer les tombeaux de ses ancêtres directs, et Lenoir fut muté au poste peu reluisant d'administrateur de la basilique Saint-Denis. En réalité, Louis XVIII avait moyennement apprécié l'idée même du musée de Lenoir, construit sur les décombres d'une monarchie qu'il fallait reconstruire. Le souverain a-t-il fait exprès d'envoyer le conservateur finir sa carrière sur les lieux de son crime ? A-t-il été mis au courant de son rôle dans les dérapages qui ont eu lieu lors des profanations ? Ou s'agit-il d'un pur hasard ? Impossible à dire. Seules les Archives nationales nous apprennent que les services de Louis XVIII ont interrogé le conservateur du patrimoine sur les événements de 1793, mais il n'en existe aucun compte-rendu.

Si Alexandre Lenoir a subtilisé la tête d'Henri IV en 1793, pourquoi ne l'a-t-il pas restituée au moment de la Restauration ? Ce geste aurait peut-être été bénéfique pour lui… Mais peut-être s'était-il déjà défait du chef à ce moment-ci ?

Les vitraux et le prince allemand

En continuant à fouiller son passé, une autre piste surgit qui vient appuyer la thèse d'un Lenoir voleur de la tête d'Henri IV. Cette piste nous conduit en Allemagne. Plusieurs articles

1. *Journal de Marie-Amélie, reine des Français (1800-1866)*, présenté par Suzanne d'Huart, Paris, Perrin, 1981.

anciens mentionnent en effet que le « crâne » du roi serait passé chez un prince allemand après la Révolution, un certain Franz Erbach. Ce dernier, grand collectionneur de la région de Hesse-Damsdat, la montrait à ses visiteurs et disait l'avoir achetée à un fossoyeur de Saint-Denis avec d'autres reliques royales, selon les journaux de l'époque. Joseph Émile Bourdais connaissait cette histoire et était persuadé que c'était Alexandre Lenoir qui les avait vendues à Erbach. Le brocanteur avait-il encore vu juste ?

Tout semble l'indiquer si l'on en croit les travaux d'un historien d'art Louis Grodecki, décédé en 1982. Grand spécialiste des vitraux romains et gothiques, il a écrit un ouvrage de référence sur l'histoire des vitraux de Saint-Denis. On y apprend qu'Alexandre Lenoir avait été accusé après la Révolution d'avoir dérobé des vitraux de la basilique royale pour les revendre à un « prince allemand ». Et parmi les vitraux en question, il y avait ceux peints d'après le grand maître allemand Dürer... Ce « prince allemand » serait-il Erbach ?

Étrangement, Lenoir ne s'intéresse d'ailleurs aux vitraux de Saint-Denis qu'à partir de 1799, soit plus de six ans après les profanations et le transfert des monuments dans son musée. Certains des vitraux demeurent encore debout dans la basilique et ne semblent plus menacés. Mais Alexandre Lenoir demande malgré tout au ministère de l'Intérieur l'autorisation de les démonter pour les convoyer jusqu'au musée des Monuments français. La majeure partie des vitraux disparaissent hélas de la circulation durant le transfert. Lenoir devra se justifier lorsqu'un article de presse révèle en 1806 qu'il les a vendus à ce fameux « prince allemand ». Lui rétorquera maladroitement qu'ils ont été « cassés par des malveillants... »

Franz Erbach, lui, était l'un des plus grands collectionneurs en Europe d'armures, d'armes à feu et de vitraux dont il avait acheté de magnifiques exemplaires datant des XIIe et XVIIe siècles. On imagine sans mal que les vitraux peints d'après son compatriote Dürer ont pu l'intéresser. Aurait-il aussi acheté d'autres artefacts provenant de la basilique à Lenoir ? Un crâne d'Henri IV, par exemple ?

Les descendants de la famille des comtes d'Erbach vivent toujours dans le château du prince. Ils sont propriétaires d'une collection de reliques qui proviendraient de la nécropole des rois de Saint-Denis (des restes d'Anne d'Autriche, de Louis XIV et un fragment de crâne sec mesurant 15 cm sur 20 cm, présenté comme étant celui d'Henri IV, tous provenant du même lot).

Le comte Graf Erbach, premier descendant de la famille, nous reçoit en son château, situé à une centaine de kilomètres au sud-est de Stuttgart. Dernier représentant d'une illustre lignée de nobles allemands vieille de neuf cents ans, descendants directs de Charlemagne (sa fille, Emma, se serait mariée au premier des Erbach, Eginhard), le comte actuel s'intéresse de près à tout ce qui touche au patrimoine de ses ancêtres. Il a d'ailleurs transformé une partie de sa demeure en musée afin que soient exposées au public les collections accumulées par sa famille au fil des siècles. Le château a été reconstruit sur d'anciennes fondations au XVIe siècle dans le style Renaissance et réédifié de nouveau en partie à la fin du XVIIIe siècle. L'ensemble n'est pas colossal mais harmonieux et parfaitement entretenu et conservé. Dans la cour, une statue du comte Franz Erbach rappelle le XVIIIe siècle et le fondateur des collections d'armures, d'anciennes armes à feu, des peintures sur verre, des vases étrusques, etc. Le descendant, Graf Erbach, fait visiter au pas de charge quelques pièces de son musée : « Mon ancêtre Franz était un homme très cultivé. Durant sa jeunesse, il avait beaucoup voyagé. Il avait vécu à la cour de Louis XV à Versailles. Il a d'ailleurs ramené des cadeaux que lui avait faits le roi comme cette horloge que nous avons encore ici. Pour parfaire son éducation, il a aussi vécu dans les cours d'Italie. Une fois de retour chez lui, ici à Erbach, il a voulu montrer à son peuple la richesse culturelle qu'il avait trouvée en Europe. C'est alors qu'il devint collectionneur, achetant des œuvres à tour de bras et ouvrant les salles d'exposition du château au tout-venant, afin que chacun puisse en profiter. »

Le grand malheur de la famille Erbach, c'est d'avoir perdu la quasi-totalité des archives de la collection lors d'un bombardement en 1943. Le château et les œuvres ont survécu mais pas les dossiers les concernant, transférés par sécurité à deux cents kilomètres plus au nord dans la ville de Darmstadt, totalement détruite par les bombes alliées. Il a fallu des dizaines d'années à la famille pour reconstituer le puzzle des collections, trouver les origines, les vendeurs, les parcours.

Les restes humains conservés au château sont recueillis dans deux reliquaires accrochés discrètement derrière une colonne de la salle d'armes, à l'abri du regard des visiteurs. À l'intérieur du premier reliquaire se trouvent sous verre le prétendu fragment de crâne d'Henri IV, à côté un morceau d'Anne d'Autriche et le drap funèbre de Louis XIV. L'ensemble est accompagné d'un texte ancien en allemand.

« Franchement, précise Graf Erbach, je suis incapable de vous dire si ces reliques sont authentiques. Ici mon ancêtre Franz a écrit de sa main les avoir achetées à un gardien de Saint-Denis qui les a subtilisées au moment des profanations en 1793 pour les sauver du péril et de la destruction. Nous savons qu'il les a achetées à la fin du XVIIIe ou au tout début du XIXe siècle mais à qui, nous l'ignorons. Cela a dû se faire pendant l'occupation de notre territoire par les troupes de Napoléon. Des Français sont passés par ici. Mais il n'y a jamais eu de tête momifiée à Erbach. Rien en tout cas qui ressemble de près ou de loin à la tête que vous avez en votre possession. Ça je peux vous le dire car il nous reste quand même les catalogues de présentation des collections qui eux n'ont pas brûlé en 1943. Or les reliques françaises que nous possédons y sont décrites. Mais il n'existe pas de référence à un crâne momifié. »

L'autre reliquaire, juste au-dessus du précédent, ressemble au premier mais en plus petit. Ce sont des reliques françaises achetées à la même époque par l'ancêtre Franz. Il s'agit de morceaux d'ossements d'Héloïse et Abélard accompagnés d'un texte ancien mentionnant cette fois-ci le nom du vendeur : Alexandre Lenoir.

Notre grand amateur de reliques aurait-il pu vendre au comte d'Erbach un lot de reliques, certaines résolument fausses (comme le morceau de crâne d'Henri IV), d'autres peut-être authentiques ? Lenoir, s'enrichissant avec des faux historiques et prétendant détenir des reliques du Bon Roy ? Voilà qui finit d'écorner l'image du personnage…

Chapitre 10

Dernières pièces du puzzle

La science reprend la main

Juin 2010. Enfin, les résultats des analyses que nous attendions encore tombent. Le dosage de la tête au carbone 14, l'un des derniers examens majeurs, annonce une date comprise entre 1450 et 1640, une fourchette de temps, certes large (la période n'est pas propice), mais parfaitement compatible avec Henri IV mort en 1610. À ce stade, aucun élément scientifique ni même historique ne vient contredire l'ensemble des indices accumulés en faveur de l'indentification de cette tête.

Par ailleurs, un examen complémentaire au microscope a été effectué qui a révélé la présence de nombreux résidus végétaux dans la bouche de cette tête (invisibles à l'œil nu et même au fibroscope), des restes de produits d'embaumement, mais hélas trop fragmentés pour être clairement identifiables et trop « éventés » pour que les nez professionnels ne les reconnaissent.

Enfin, cerise sur le gâteau, les recherches concernant les pratiques d'embaumement à la cour de France ont abouti et viennent contredire certaines certitudes qui existaient en la matière. Notamment cette fameuse croyance qui voudrait que tous les rois, les reines, princes et princesses du royaume se fassent systématiquement scier le crâne et retirer le cerveau lors de l'embaumement. Une telle gestuelle *post-mortem* n'est pas méthodique à la cour de France.

Repartons aux sources. Henri de Mondeville (1260-1320) précise dans sa *Chirurgie* (traduite par Édouard Nicaise en 1893) avoir « préparé le corps de deux rois de France dont nous avions oint la face de baume avec peu ou point de résultat » ; il s'agit vraisemblablement de Philippe le Bel (mort en 1314) et de Louis X (mort en 1316). Philippe V, troisième patient royal d'Henri de Mondeville, survivra en effet à son praticien et ne mourra qu'en 1322. Dans tous les cas, il semble que cette onction qu'il évoque soit destinée à conserver intacte la face, en l'absence de sciage de la voûte crânienne :

> « *D'autres [corps] doivent l'être [conservés] la face découverte, les rois et les reines, les souverains pontifes et les prélats [...]. S'il faut conserver le corps le visage découvert, on ne coudra pas la bouche et on ne fermera pas les narines, mais on mettra dans chacune d'elle du vif-argent, environ six drachmes ; immédiatement après on introduira de la soie de façon qu'il n'apparaisse pas en dehors des narines.* »

Guy de Chauliac (1298-1368) proposera lui aussi dans sa *Grande Chirurgie* (traduite par Édouard Nicaise en 1890) une méthode permettant la conservation de la face sans ouverture du crâne ni extirpation du cerveau :

> « *Que l'on jette du vif-argent dans les narines, oreilles et bouche, car avec cela on garde que le cerveau ne découle [...]. Pour tenir la face découverte jusqu'à huit jours, auxquels les corps ont accoutumé d'être altérés et pourris, on veut qu'elle soit souvent mouillée d'eau de rose salée, ou avec du baume.* »

De fait, Henri IV n'est pas le seul à n'avoir pas subi de craniotomie. Nous savions déjà qu'outre ces précédents monarques, Philippe Ier (mort en 1108), Agnès Sorel (1450) et Diane de Poitiers (1566), deux maîtresses royales, n'avaient pas eu le crâne scié. Un cas comparable de respect de l'extrémité céphalique au cours de l'autopsie est celui du cardinal Charles Ier de Bourbon, oncle d'Henri IV, mort en mai 1590, donc vingt ans avant le Vert-Galant. Son rapport d'autopsie, très précis et exhaustif quant aux lésions pathologiques et aux organes sains, signé de six praticiens (à commencer par son premier médecin, Guillaume Lusson, docteur régent de la faculté de Médecine de Paris), mentionne l'ouverture des ventres inférieur et moyen, mais pas supérieur, c'est-à-dire le crâne[1].

Quant au cadavre de Louis XIII (fils d'Henri IV), en 1643, on ne dispose d'aucun témoignage attestant d'une quelconque craniotomie ni au cours de l'autopsie, ni au cours de l'embaumement[2]. On ne pourra pas suspecter une influence quelconque de Marie de Médicis, morte l'année d'avant…

Pour sa femme Anne d'Autriche en revanche, on en est sûr. Peu avant de mourir d'un cancer du sein en janvier 1666, elle avait demandé expressément à ne se faire retirer que le cœur (pour qu'il soit porté à la chapelle des cœurs, au Val de Grâce), « sans autre ouverture ». La reine ne voulait pas subir cette mutilation corporelle qu'est une autopsie complète. Si embaumement il y a eu, il n'a été qu'externe. Enfin, on épargna aussi ce traitement mutilant à Henriette d'Angleterre, morte en

---

1. Procès-verbal d'autopsie publié par Eugène Saulnier dans *Le Rôle politique du cardinal de Bourbon*, Paris, Honoré Champion, 1912.
2. *Commentaires de la faculté de Médecine de Paris*; *Rapport des médecins étant à l'ouverture du corps du roi*; courrier de l'ambassadeur de Venise; journaux d'Antoine, garçon de la Chambre du Roi, et de Dubois, valet de chambre de Sa Majesté.

juin 1670 près de Paris ; Alexandre Boscher, chirurgien du roi d'Angleterre, mentionne en effet que « l'on n'a point ouvert la tête ni les boyaux, la cause de la mort ayant été trouvée dans le ventre qui est à ce qu'on a jugé une trop grande effusion de bile ». Plus précisément, l'autopsie, demandée par Louis XIV sur sa nièce pour faire cesser les rumeurs d'empoisonnement, laissa intacts le crâne et les « organes de la génération », la cause (naturelle) de la mort ayant été trouvée, à son grand soulagement.

Les rapports d'autopsie royaux sont certes assez fréquemment succincts, pour ne pas dire laconiques. Mais, et la lecture de ceux d'Henri II ou encore Louis XIV le montre aisément, lorsque le cerveau est examiné, même lorsqu'il est macroscopiquement normal, il en est fait mention… Ainsi, quand Guillemeau réalise en 1574 l'autopsie du roi Charles IX, il précise bien dans son compte-rendu l'état dans lequel il a trouvé le cerveau (« *cerebro omni vitio carens* ») ; le fait qu'il ne mentionne pas l'état de cet organe dans son compte-rendu de l'autopsie d'Henri IV pourrait évoquer le fait que cet organe n'a tout simplement pas été examiné par ses soins (absence de sciage du crâne). Si Guillemeau décrit la craniotomie au cours des soins d'embaumement dans ses ouvrages théoriques, rien n'indique qu'il la réalise en pratique systématiquement. La technique d'Ambroise Paré est recopiée d'ouvrage en ouvrage dans la littérature médico-chirurgicale des XVIe et XVIIe siècles. Dans tous les cas, ce n'est pas Guillemeau qui a embaumé Henri IV, mais Pigray, nous l'avons dit.

Aucun texte lié à l'autopsie du roi ni à son embaumement ne mentionne la moindre ouverture du crâne, ni examen direct du cerveau, ni sciage de la voûte : Pierre Matthieu, *Histoire de la mort déplorable de Henry IIII Roy de France et de Navarre* (Paris, 1611) ; Anonyme, *Pompe funèbre du très chrétien, très puissant et très victorieux Prince, Henry le Grand, Roy de France et de Navarre, faite à Paris et à Saint-Denis les 29 et 30 jours du mois de Juin et le 1 de Juillet 1610* (Lyon, 1610) ; François de Bassompierre, *Journal de ma vie* (Paris, Renouard/Société de l'Histoire de France, 1870) ; *Mercure français* (1610) ; Jacques Guillemeau, *Œuvres de Chirurgie* (Rouen, 1649).

On pourra remarquer qu'en 1611, lorsque meurt le duc d'Orléans (frère cadet de Louis XIII), il subit une craniotomie au cours de l'autopsie malgré la présence de Marie de Médicis, veuve d'Henri IV. Trois praticiens ayant autopsié Henri IV l'année précédente sont même présents à celle de son fils (Petit, Hautin et Le Maistre). Mais la situation est toute autre : pour ce jeune enfant de quatre ans, la cause de mort est inconnue avant l'ouverture de son corps, et c'est même dans le crâne qu'elle va être découverte.

En bref, Henri IV n'est pas un cas isolé, loin de là. D'autant plus que l'on ignore précisément le type d'embaumement réalisé sur sa femme Marie de Médicis et son fils Louis XIII. L'information n'apparaît ni dans le rapport d'autopsie de la reine, ni dans celui du roi. Quant à Louis XV, c'est un cas particulier. On l'a vu, ses lésions varioleuses ont dissuadé tout praticien de réaliser non seulement l'autopsie mais également les soins d'embaumement sur la dépouille royale… Pas de crâne scié non plus.

En bref, l'existence d'autres individus présentant un statut comparable au sien, ayant subi la même conservation crânienne, atteste que cette absence de craniotomie n'est ni une incongruité historique, ni un élément d'exclusion royale.

Une boucle d'oreille et le généticien

Dans cette énigme en forme de puzzle, deux pièces manquent encore. Toutes les autres ont trouvé leur place : l'âge, le grain de beauté, la cicatrice à la lèvre, la correspondance avec les reliques, le « portrait-robot », la dentition exécrable, les traces d'embaumement, le nom du praticien, sa méthode, les traces de charbon laissées par lui, les traces du masque mortuaire…

Tout concorde parfaitement. À l'exception encore de l'ADN, dont le plomb gêne manifestement l'extraction, et, plus anecdotique, de la boucle d'oreille.

Depuis le début de l'enquête, nous n'avons retrouvé aucun portrait d'Henri IV qui le représente avec un tel bijou et qui pourrait expliquer le lobe percé de la momie. La solution viendra finalement du musée Condé de Chantilly et de sa conservatrice, Nicole Garnier. Dans les réserves du château, elle a mis la main sur une gravure figurant le roi, rangée parmi d'autres portraits d'Henri IV et qui serait presque passée inaperçue sans ce détail à peine visible. Le roi porte un anneau à l'oreille droite.

Quelques mois plus tard, les résultats d'une ultime analyse nous permettent de clore définitivement notre étude. Avec à la clé, une autre énigme résolue, italienne celle-là.

En 2011, des résidus appartenant à du sang attribué à Louis XVI, conservés dans le fond d'une gourde révolutionnaire, ont été découverts et analysés par une équipe espagnole dirigée par Carles Lalueza-Fox (Institut de biologie évolutive de Barcelone). Il nous avait alors semblé opportun de tenter de comparer cet échantillon ADN avec celui de la tête momifiée aux fins de confrontation génétique et généalogique.

Cette fiole, réputée avoir contenu un mouchoir imbibé du sang de Louis XVI, est toujours la propriété d'une famille aristocrate italienne (qui tient à rester anonyme) dont l'un des ancêtres s'était retrouvé place de la Concorde à Paris le 21 janvier 1793, le jour de la décapitation du roi. Profitant de la confusion de l'événement, il avait pu recueillir un peu de sang sous l'échafaud et le ramena chez lui, dans cette fiole qui traversa les siècles...

Côté Henri IV, un échantillon de tissu trachéal, prélevé au cours d'une fibroscopie rétrograde, a été utilisé. Provenant d'une région plus profonde que les autres échantillons analysés à Copenhague (Niels Bohr Institute) et Strasbourg (Institut médico-légal), il était à espérer qu'il présenterait également une moindre contamination par le plomb : ce fut le cas. De l'ADN fut non seulement extractible, mais aussi analysable. Certes fragmenté et moins bien conservé que celui de la gourde, il a permis néanmoins une comparaison valable en termes statistiques et d'identification.

Une analyse des régions hypervariables (appelées dans le jargon scientifique « STR ») sur le chromosome Y (transmis par le père d'une génération à l'autre) a ainsi été réalisée. Un total de seize régions (« loci ») ont été retrouvées pour le sang de la gourde, contre six pour la tête momifiée. Cinq régions étaient exactement semblables, tandis qu'une seule supplémentaire était (très légèrement) différente entre les deux sujets (une anomalie classique pouvant correspondre à une mutation au sein d'une famille sous la forme d'un gain ou d'une perte d'un petit fragment d'ADN, d'après l'équipe de généticiens, rompus à ce type d'analyse et travaillant de façon courante sur de l'ADN ancien). Les loci identiques identifiés sont particulièrement rares au sein de la population européenne (par exemple, le bras long de l'allèle DYS385), renforçant le poids statistique de la comparaison génétique. Dès lors, il était possible de dire que ces résultats sont compatibles avec une relation paternelle directe sur sept générations entre les deux échantillons.

Si cet argument seul ne pouvait servir à identifier de façon certaine ni la tête, ni le sang séché (comme rappelé très justement par le généticien Olivier Pascal à l'occasion de la publication de nos travaux dans la revue *Forensic Science International* en décembre 2012), il constituait en revanche un argument supplémentaire en faveur de l'identification de ces restes comme tête embaumée d'Henri IV et sang de Louis XVI. Au passage, il met fin à une vieille rumeur historique selon laquelle le père biologique de Louis XIV aurait été Mazarin, particulièrement proche d'Anne d'Autriche, puisque c'est, du coup, tout l'arbre généalogique paternel qui est confirmé entre ces deux sujets, sur sept générations.

Cet argument supplémentaire en faveur de l'authentification de la tête d'Henri IV porte à vingt-trois le nombre total d'arguments anthropologiques, médico-légaux, archéologiques et historiques, permettant son identification certaine. Aucun argument négatif n'a, à ce jour, été soulevé.

Le vrai visage d'Henri IV

Henri IV a enfin retrouvé sa tête. Et maintenant que nous avons la certitude que l'hypothèse de Joseph Émile Bourdais était la bonne, nous voulons aussi lui rendre son visage.

Nous nous adressons à l'un des plus grands spécialistes en matière de reconstitution faciale, une pointure reconnue par les initiés, Philippe Froesch. Cet Alsacien installé depuis vingt ans à Barcelone a travaillé pour des services de police scientifique, des services de médecine légale, des anthropologues et des historiens de toutes nationalités, et il est collaborateur du groupe de recherche en ostéobiographie (GROB) de l'université autonome de Barcelone UAB. Il allie de grandes connaissances en anatomie et une réelle aisance en informatique. Sa spécialité ? Rendre leur visage aux personnages, illustres ou anonymes, des siècles avant la photographie… À la demande du gouvernement vénézuélien, il a ainsi réalisé, à partir de son crâne, un portrait plus vrai que nature du révolutionnaire Simon Bolívar, dévoilé le 24 juillet 2012. Mais il a aussi travaillé sur Blanca d'Anjou (XIIIe siècle), sur le roi Pierre III d'Aragon (1276-1285) et même sur une momie égyptienne du IIe siècle de la zone Al Fayyun.

Il a les moyens de faire de même sur Henri IV. Avec des procédés différents de ceux employés par Jean-Noël Vignal en 2010, il aboutit à des résultats bien plus réalistes (sans que cela ne remette en cause la première méthode, d'inspiration strictement morpho-caricaturale). À quoi ressemblait donc le Vert-Galant ?

Nous envoyons à Philippe Froesch le scanner du crâne de la tête d'Henri IV. La reconstitution se déroule en plusieurs étapes, où rien n'est laissé au hasard, et toujours avec l'étroite collaboration d'anthropologues, médecins légistes et historiens. D'abord, il procède à une reconstruction et digitalisation tridimensionnelle du crâne. Pour ce qui est du volume général de la tête et de sa forme, aucune place n'est laissée à l'imagination : il travaille à partir du scanner du crâne avec une précision de 800 microns par section.

Ensuite, il établit l'épaisseur des tissus mous (muscles, chair, etc.) et modélise la musculature faciale à travers des graphiques tridimensionnels informatisés. Des marqueurs d'épaisseur de tissus mous sont mis en place de façon précise sur une vingtaine de points craniométriques. Ces marqueurs indiquent la limite extérieure que suivra le contour du visage et leur dimension est déterminée selon des tables constituées par des anthropologues ou des médecins légistes. Dans le cas d'Henri IV, il fait référence à une table correspondant à un individu de corpulence moyenne d'entre cinquante et soixante ans d'origine caucasienne (information validée par l'équipe scientifique). Les épaisseurs ont été réduites au minimum au niveau maxillaire, la bouche étant quasi-édentée. Pour ce qui est du nez en particulier, il s'est appuyé sur les travaux de l'unité de contre-terrorisme du FBI et de l'université de Dundee qui ont mis au point une série d'équations permettant de retrouver la projection antérieure, le volume, l'inclinaison du nez en se basant sur une série de points craniométriques précis. Une série de *blind-tests* réalisés par leurs soins viennent valider la méthode. Des éléments comme le contour piriforme de l'os nasal, le dos de ce dernier, l'inclinaison de l'épine nasale, la forme de spatule brisée de cette dernière indiquent que nous sommes en présence d'un nez convexe bifide incliné vers le bas. La position antério-postérieure des yeux est révélée par une médiane passant par l'os frontal et l'os malaire qui vient « toucher » la cornée du sujet.

La dernière étape va consister à attribuer au visage des détails caractéristiques comme la couleur de la peau, la quantité de rides, la présence de poches sous les yeux, la couleur des yeux, la pilosité faciale, le pourcentage de cheveux blancs, etc. Il s'agit d'une série de décisions logiques au vu de l'âge et de l'état de santé du sujet et les textes ou documents graphiques évoquant son aspect. Ainsi Anaïs Ferrer, étudiante en histoire et archéologie à l'université François-Rabelais (Tours), a récemment réalisé un inventaire des différents portraits contemporains d'Henri IV, notant systématiquement l'aspect des phanères et la pigmentation de l'iris. Il en ressort à l'âge adulte des yeux bleus (70 %), bleu-vert (10 %), bleu-marron (5 %), verts (10 %) ou marron (5 %). Cette étude, ponctuelle, et sans caractère d'exhaustivité, ne tient que sur la bonne foi des repeints en cas d'œuvres restaurées...

Le résultat de cette reconstitution ? Il est troublant, tant il est proche de l'iconographie connue d'Henri IV.

Au bon souvenir du brocanteur

Joseph Émile Bourdais avait donc raison, seul contre tous. Mais avec des arguments… mauvais, et noyés par une personnalité fantasque. Lui qui a consacré vingt-huit ans de sa vie à tenter de prouver la portée de sa découverte est mort moqué, méprisé, incompris. Or sans lui, que serait devenue cette momie ?

Avant de terminer cette aventure, nous avons voulu lui adresser un dernier hommage. Nous avons cherché sa tombe et fini par la trouver, 15e division, allée 23, emplacement 47 d'un cimetière de l'Île-de-France. Sur la pierre tombale, une dernière surprise nous attendait, une photo incrustée montrant Joseph Émile Bourdais regardant *sa* tête d'Henri IV.

Depuis un demi-siècle, défiant le temps, le soleil et les intempéries, ce cliché en forme de dernière volonté n'a presque pas jauni. C'est son dernier message adressé à la postérité, pour qu'on ne l'oublie pas le jour où sa vérité éclaterait.

Quatre cents ans après la mort d'Henri IV, le brocanteur peut dormir tranquille.

Annexe 1

Chronologie des journaux d'extraction des cercueils royaux de Saint-Denis

1793

30 juillet – Rapport à la Convention ordonnant la destruction des tombeaux à Saint-Denis.
1er août – Rapport de Barère à la Convention réclamant, après la chute des statues, la démolition totale des tombes et des gisants (pour célébrer l'anniversaire du 10 août).
6-8 août – Premières démolitions.
14 août – Quatre commissaires membre de la commission des Monuments et des Arts (fondée le 13 octobre 1790) sont envoyés pour rendre compte des destructions opérées et sauver les monuments des arts : dom Germain Poirier, bénédictin de Saint-Maur, archiviste des abbayes de Saint-Denis et de Saint-Germain, le sculpteur Louis-Philippe Mouchy, François-Marie Puthod de Maison-Rouge et le dessinateur Moreau le Jeune. Les cercueils sont alors encore intacts dans la crypte.
12 au 16 octobre – Viol des cercueils conservés dans la crypte. Le plomb est soigneusement récupéré. Le caveau des Bourbons est ouvert le 12.
Un journal d'extraction des cercueils est dressé par dom Germain Poirier, bénédictin de l'abbaye. Ces notes disparaissent dans l'incendie

de la bibliothèque de Saint-Germain-des-Prés en 1794. (Notons que certains papiers de dom Poirier subsistent à la BNF, Ms fr. 20800-20852, mais ne concernent pas l'extraction des corps royaux. Il s'agit de la correspondance avec dom Laforcade, procureur de l'abbaye dans les années 1770.) Ce journal est copié par dom Druon, Tinthouin, dom Laforcade, Verneuil, Lenoir, agrémenté de quelques détails.

1801

Lenoir publie le récit des extractions de 1793 dans son *Musée des Monuments français*, p. 341-342.

1817

Ordre de Louis XVIII d'ouvrir la fosse où ont été jetés les corps de ses ancêtres, sous l'autorité du chancelier Dambray et de Geslin, grand maître. Trois corps sont retrouvés sans tête.
On ordonne de réunir tous les témoignages sur la profanation de 1793. Ces procès-verbaux sont conservés aux Archives nationales, dans l'Armoire de fer. Quelques copies se trouvent également aux archives de Paris (6AZ 23, article 1391).
On compte quatre manuscrits.
Le Journal de dom Druon de 1793-1794 paraphé le 8 janvier 1817 par Tinthouin, le chancelier Dambray et de Cauchy, garde des archives de la Chambre des Pairs. Remis par François Joseph Bélanger, dessinateur du cabinet du roi, âgé de soixante-huit ans. « Journal historique fait par le citoyen Druon, ci-devant bénédictin de la ci-devant abbaye de Saint-Denis, lors de l'extraction des cercueils de plomb des rois, reines, princes, princesses et autres personnes qui avaient leur sépulture à l'église de Saint-Denis. Samedi 12 octobre 1793. On a ouvert le caveau des Bourbons du côté de la chapelle souterraine et on a commencé par en tirer le cercueil de Henri 4, mort en 1610, âgé de 57 ans. » Notons que l'ouverture du cercueil de Turenne est mentionnée le 25 octobre. Note en bas de page 18 : « J'ai trouvé et pris ce journal chez un cidevant Revolutionnaire le 3 janvier 1804 »

(Arch.nat., AE I 15, n° 12 8b). Avec une copie remise par Tinthouin (1817), AE I 15, n°12 8C.
Le manuscrit de dom Laforcade 1793-1794, avec deux copies de 1816-1817. « Manuscrit autographe de feu Don Laforcade, ancien religieux de l'abbaye de Saint-Denis, remis par les sieurs maire et députés de la ville de Saint-Denis, entendu comme témoin le 13 janvier 1817. » Déposé par M.Blanchard à titre de Mémoire. « Journal historique de l'extraction… » Même récit pour Henri IV, sans mention du crâne scié (Arch.nat., AE I 15, n° 12 8d).
Autres exemplaires du texte de Laforcade signé par Gessard, maire de Saint-Denis, le 14 X 1816. Même texte (Arch .nat., AE I 15, n° 12 8e) ; Copie (AE I 15,n° 12 8f). Autre copie venant de l'abbé de Verneuil, curé de Saint-Denis, remise le 7 janvier 1817 (AE I 15, n° 8h) ; Note brève (AE I 15, n° 12 8i).
Une copie de dom Druon corrigée par Tinthouin, officier de la Garde nationale à Saint-Denis, vers 1817. Procès-verbal communiqué par M. Tinthouin, officier de la Garde nationale de Saint-Denis et parent de M. Tinthouin, chanoine de l'Église métropolitaine de Paris. « Samedi 12 octobre 1793 […] ». L'auteur parle d'abord de l'ouverture de la sépulture de Turenne, puis de l'ouverture du caveau des Bourbons, et d'abord d'Henri IV : « Ce cadavre considéré comme momie sèche, avoit le crâne scié, et contenait à la place de la cervelle, qui en avait été otée, de l'étoupe enduitte d'une liqueur extraite d'aromates, qui répandait encore une odeur tellement forte qu'il était presque impossible de la supporter. Un soldat présent tira son sabre et coupa une longue mèche de sa barbe qui était encore fraîche » (Arch.nat., AE I 15, n° 12 8c).
Ajoutons encore une copie du Journal de dom Laforcade en 1817 aux Archives départementales de Paris.
Une copie du Journal de dom Druon, Journal de l'Extraction des cercueils de plomb… don aux Archives nationales de la Société des Amis des Archives (achat le 21 janvier 1979). « Samedi 12 octobre 1793 […] On a ouvert le caveau des Bourbons du côté des chapelles souterraines, et on a commencé par en tirer le cercueil de Henri IV, + en 1619. Âgé de 57 ans. Remarques : Son corps s'est trouvé bien

conservé et les traits du visage parfaitement reconoissables, et il est resté dans le passage des chapelles basses, enveloppé dans son suaire egalement bien conservé. Chacun a eû la liberté de le voir jusqu'au Lundi matin 14, qu'on la porté dans le chœur au bas des marches du sanctuaire, ou il est resté jusqu'à 2 heures après-midi. On le déposa dans le cimetière (dit des Valois) dans une grande fosse creusée dans le bas a droite du coté du nord. » Le lundi 14, extraction des corps de Louis XIII, de Louis XIV… (Arch.nat., AE I 15, n° 12 b).

Un journal de Pierre Latreilhe et Jean Kohler, notables de la commune de Saint-Denis, commissaires nommés pour surveiller l'exhumation des rois et princes le 21 vendémiaire an II, octobre 1793 (Catalogue de vente d'autographes de la Librairie de l'Abbaye, 1961, n° 73, avec transcription et photo). « Corps renfermés dans les cercueils… surtout celui de Henri IV le plus ancien de tous dont les traits du visage étaient parfaitement reconnaissables et le reste du corps dans son intégrité… »

Tous ces textes se ressemblent, à l'exception du texte Tinthouin, le seul à parler du crâne scié de Henri IV, détail qui sera repris par Lenoir dans sa publication de 1801 sur le *Musée des Monuments français* (t. II). Ajoutons que Tinthouin place l'ouverture du tombeau de Turenne le 12 octobre 1793, avant le caveau des Bourbons, alors que dom Druon place l'ouverture du tombeau de Turenne après celui des Bourbons, le 25 octobre.

Ajoutons encore la déclaration du 17 janvier 1817 de Gabriel Denis Lanneau, juge de paix à Saint-Denis, et de Jacques Michel Gilles son suppléant disant que ce jour Mme Delecluse, veuve en premières noces de Brumont et en deuxièmes de Michon, marchand mercier à Saint-Denis, est venue le voir et lui a dit qu'elle a en possession « une partie de la mâchoire d'Henry IV que le sieur Brumont son premier mari avait recueilli lors des exhumations qui ont été commises des tombeaux des Rois qui étoient déposés à l'Église de l'Abbaye Royale de Saint-Denis ». Elle fut mise après la mort du sieur Brumont dans une boîte qu'elle propose de lui céder (Arch.nat., AE I 15, n°12, pièce 13).

Annexe 2

Liste des 23 arguments médico-historiques ayant permis l'identification

Cette liste présente les vingt-trois arguments sur lesquels se fonde l'identification de la tête Bourdais comme étant celle d'Henri IV, dont l'accumulation constitue un « luxe » dans le domaine de l'ostéo-archéologie et de la pathographie. L'absence systématique d'argument contraire constitue également un point fort et essentiel de ce processus d'authentification.

1. Sexe masculin.
2. Âge adulte mature. Mort à cinquante-sept ans
3. Leucoderme (blanc de peau).
4. Sujet anthropologiquement caucasien.
5. Très mauvais état bucco-dentaire. Pertes dentaires *ante-mortem* multiples
6. Pilosité rousse avec canitie (cheveux blancs) partielle (confirmation histologique). Pigmentation rousse *post mortem* surajoutée liée au plomb du cercueil (+/- aux tanins du bois +/- aux produits d'embaumement ?)
7. Cheveux coupés / cassés à ras. Prélèvements *post-mortem* ?
8. Présence de résidus de plomb témoignant d'un séjour prolongé en contenant plombé. Double cercueil initial de plomb (intérieur) et de bois (extérieur) dans la basilique Saint-Denis
9. Homogénéité isotopique (plomb) entre les échantillons de Pontoise et de la tête. Même contenant plombé entre les restes de Pontoise (étiquetés Henri IV) et la tête (cercueil ?)

10. Lésion cutanée hyperpigmentée sur l'aile droite du nez. Lésion attestée sur de nombreux portraits, sculptures et exemplaires de masques mortuaires (nævus)
11. Cicatrice osseuse maxillaire supérieure ancienne. Traumatisme lié à la tentative d'assassinat par arme blanche par Jean Châtel le 27 décembre 1594 ?
12. Lobe d'oreille droite percé. Boucle d'oreille du côté droit attestée par au moins un portrait conservé au musée de Chantilly
13. Datation C^{14} correspondante. Fourchette entre 1450 et 1640, pour un décès en 1610
14. Superposition anatomique satisfaisante sur masque mortuaire. Exemplaire de la bibliothèque Sainte-Geneviève
15. Superposition anatomique satisfaisante sur le portrait par Barthélémy Tremblay (Pau). Sculpture jugée particulièrement ressemblante par ses contemporains (mêmes points de comparaison anatomique)
16. Reconstitution faciale satisfaisante. Caractéristiques physiques
17. Présence de noir d'ivoire à la base du cou (pigmentation respectant la face). Charbon déposé sur la peau du défunt, pour absorber les humeurs cadavériques, selon le procédé décrit par Pierre Pigray, embaumeur de Henri IV
18. Absence de sciage de la voûte crânienne. Habituel respect de l'extrémité céphalique en Italie, et notamment chez les Médicis, Henri IV ayant bénéficié d'un embaumement « selon l'art des Italiens », peut-être sous l'inspiration de son épouse ? Par ailleurs, aucune mention d'examen cérébral dans le rapport d'autopsie de Guillemeau, ni de mention d'un crâne scié dans le *Journal historique de l'extraction des cercueils* des Archives nationales et Archives de Paris
19. Dépôts végétaux intrabuccaux et dans les fosses nasales. Embaumement par apport de produits odorants
20. Empreinte de bandelettage au niveau du nez (de ce fait écrasé au niveau des tissus mous, et déjeté sur le côté gauche), du cartilage thyroïde (pomme d'Adam) et de la nuque. Bandelettage attesté pour la momie de Henri IV
21. Présence de résidus de moulage de type ancien (riches en silice et aluminium) sur le visage, témoignant de la réalisation d'un masque mortuaire. Masque mortuaire réalisé en 1610 pour la confection du double de cire du roi
22. Section de la base du cou par arme blanche. Décollation de 1793
23. Profil génétique commun (STR, chromosome Y, 6 loci) avec le sang de Louis XVI. Lien patrilinéiare direct entre Henri IV et Louis XVI sur sept générations

Annexe 3

Ils ont participé à l'enquête

Philippe Charlier (CHU Raymond-Poincaré, Garches)
Stéphane Gabet, journaliste, documentariste
Pierre Belet, journaliste, documentariste
Jean-Pierre Babelon (Académie des Inscriptions et Belles-Lettres)
Bruno Galland (Archives nationales)
Jacques Perot (Président de la société Henri IV)
Romain Perrot, journaliste

Composition de l'équipe scientifique : Isabelle Huynh-Charlier (service de radiologie, CHU Pitié-Salpêtrière, AP-HP, Paris), Joël Poupon (service de biochimie toxicologique, CHU Lariboisière, AP-HP, Paris), Christine Keyser (Institut médico-légal, Strasbourg), Éloïse Lancelot (Horiba Jobin Yvon, Villeneuve-d'Ascq), Dominique Favier (IFF, Neuilly-sur-Seine), Jean-Noël Vignal (IRCGN, Rosny-sous-Bois), Philippe Sorel (Musée Carnavalet, Paris), Pierre F. Chaillot (service de médecine légale, CHU Raymond-Poincaré, Garches), Rosa Boano et Renato Grilletto (dipartimento di biologia umane e animale, Università di Torino, Italia), Sylvaine Delacourte (Guerlain, Paris), Jean-Michel Duriez (Jean Patou/Rochas, Paris), Yves Loublier (CNRS, Gif-sur-Yvette), Paola Campos, Eske Willerslev et Thomas Gilbert (Centre for GeoGenetics, Natural History Museum of Denmark, University of Copenhagen, Denmark), Leslie Eisenberg (Wisconsin Historical Society, Madison, Wisconsin, États-Unis), Bertrand Ludes (Institut médico-légal, Strasbourg), Geoffroy Lorin de la Grandmaison (service de médecine légale, CHU Raymond-Poincaré, Garches), Iñigo Olalde, Neus Solé, Oscar Ramírez, Francesc Calafell et Carles Lalueza-Fox (Institut de Biologia Evolutiva, Barcelone).

Remerciements

Les auteurs tiennent à remercier chaleureusement Céline, Ilona et Liam Gabet, Isabelle, Jules et Paul Charlier, Jean-Pierre Babelon, M. et Mme Jacques Bellanger, Pierre Belet, Mgr le prince Louis de Bourbon, duc d'Anjou, Jacques Perot, Bruno Galland, Xavier Bureau, Bernard Vaillot, Thierry Caillibot, Michel Rager, Romain Grumbach, Béatrice Moncomble, Julie Guerrier, Jean-Pierre Pasquet, Abdel Kina, Romain Perrot, Delphine Piau et toute l'équipe de Galaxie Presse, Patrick Monod et Serge Santos (cathédrale basilique de Saint-Denis), Michèle Naturel (musée Bertrand de Châteauroux), Paul Mironneau et Isabelle Pebay-Clottes (musée national du château de Pau), Christophe Duvivier (musée Tavet-Delacour de Pontoise), Nicole Garnier (musée Condé de Chantilly), Marie-Hélène de la Mure et Florence Leleu (bibliothèque Sainte-Geneviève, Paris), Marie Véronique Clin-Meyer (musée d'Histoire de la médecine, Paris), Emmanuel Schwartz (École nationale des beaux-arts, Paris), Alain Prévet (Archives des musées nationaux), Hadrien Lacoste et Bénédicte Lassalle.

Sources et bibliographie

Cette enquête a fait l'objet d'un documentaire télévisuel de 70 mn réalisé par Stéphane Gabet et Pierre Belet, *Le Mystère de la tête d'Henri IV*, diffusé en mars 2011 sur France 5. Produit par Bernard Vaillot (Galaxie Presse) en coproduction avec la Réunion des musées nationaux (RMN). Images : Pierre Belet. Montage : Delphine Piau.

Les conclusions de l'enquête historique ont été présentées dans le magazine *L'Histoire* en mars 2011 : Stéphane Gabet, Pierre Belet, Jean-Pierre Babelon, *Pourquoi la tête d'Henri IV a-t-elle été authentifiée à 99,9 % ? Éléments inédits de l'enquête historique*.

Les résultats des analyses menées par l'équipe du Dr Charlier ont été présentés dans plusieurs revues scientifiques, notamment :

Philippe Charlier, Isabelle Huynh-Charlier, Joël Poupon et al., « Multidisciplinary medical identification of a French king's head (Henri IV) », *Bristish Medical Journal* ; 2010 ; 341 : c6805.

Philippe Charlier, Jean-Pierre-Babelon, Bruno Galland, « Author's reply », *BMJ*, 2011; 342: d301.

Philippe Charlier, Renato Grilletto, Rosa Boano, Danielle Gourevitch, Bruno Galland, Jean-Pierre Babelon, Jacques Perot, « Ouvrir un corps de roi : pourquoi ? Comment ? Le cas d'Henri IV », *La Revue du praticien*, vol. 61, juin 2011, p. 880-885.

Philippe Charlier, Inigo Olalde, Neus Solé, Oscar Ramirez, Jean-Pierre Babelon, Bruno Galland, Francesc Calafell, Carles Lalueza-Fox, « Genetic comparison of the head of Henri IV and the presumptive blood from Louis XVI (both Kings of France) », *Forensic Sciences International*, 2012.

Sources et archives

Dossier « Les ossements royaux », sous-série H8 (classé à 1864), archives des musées nationaux (Paris).

« Dossier de la maison royale de 1817 », Archives nationales, AEI 15 n° 12.

Dossier 6 AZ23 des Archives de Paris.

Jean-Pierre Babelon, *Henri IV*, Paris, Fayard, 2009.

Jean-Pierre Babelon, « Histoire des restes humains du roi Henri IV depuis leur exhumation et la profanation révolutionnaires », actes du colloque *Henri IV, images et remembrance*, Institut de France, Fondation de Chantilly et Société Henri IV, Paris, Institut de France, 3 juin 2010, p. 23-31.

Dr Max Billard, *Les Tombeaux des rois sous la Terreur*, Paris, Librairie académique Perrin, 1907.

Joseph Émile Bourdais, *Pourquoi et comment fut tué Henri IV. Réfutations de nombreuses inexactitudes sur les circonstances de l'assassinat, résultant des constatations surprenantes faites à l'examen du chef momifié de ce monarque*, Dinard, 1933.

Charlotte Charrier, *Héloïse dans l'histoire et dans la légende*, Paris, Honoré Champion, 1933.

Maurice Colinon, « Petites énigmes de l'histoire : a-t-on retrouvé la tête d'Henri IV ? », *Miroir de l'Histoire*, n° 33, octobre 1952, p. 69-71.

Louis Courajod, *Alexandre Lenoir, son journal et le musée des Monuments français*, Paris, Honoré Champion, 3 vol., 1878-1887.

Georges d'Heilly, *Les Tombes royales de Saint-Denis*, Paris, Librairie générale, 1872.

R. de C., « Quid du crâne de Henri IV ? », *L'Intermédiaire des chercheurs et des curieux*, 25 février 1874, p. 84-85.

Jean-Luc Froissart, *Alexandre, Albert et Angéline Lenoir, Une dynastie en A majeur (1761-1891)*, Jean-Luc Froissart éditions, 2012.

Bruno Galland, *Note sur les récits des exhumations des cercueils royaux*, 2010.

François de Guilhermy, *Détails historiques. Saint-Denis, 1841-1848* (manuscrit), Paris, BNF, MSS fr. 6121 et 6122.

Vicomte de Hennezel d'Ormois, *Le 14 octobre 1793 à Saint-Denis. Récit d'un Laonnois* (Henri-Martin Manteau), Saint-Quentin, 1902.

Alphonse de Lamartine, *Histoire des Girondins*, t. V, livre 52e, Paris, Furne et Coquebert, 1847.

Descheemaeker, « Reliques royales », *Historia*, n° 104, juillet 1955, p. 43-44.

Alexandre Dumas, *Les Mille et Un Fantômes*, chap. 4, 1849.

Ferdinand-Albert Gautier (né en 1748, dernier organiste de la basilique Saint-Denis), Journal manuscrit : *Journal qui fait suite à Félibien*, Paris, BNF, ms. fr. 11681, publié par extraits dans Robinet, p. 489-493).

Ralph E. Giesey, *Cérémonial et puissance souveraine : France XVe-XVIIe siècles*, Paris, Écoles des hautes études en sciences sociales, coll. « Cahier des Annales », 1987.

Louis Grodecki, *Les Vitraux de Saint-Denis*, vol. 1, Paris, CNRS-Arts et métiers graphiques, 1976.

Jacques Guillemeau, « Rapport d'autopsie de Henri IV » (15 mai 1610), *Œuvre de chirurgie*, Rouen, Jean Viret, 1649 (rééd.).

Alexandre-Joseph Guyot, *La Paix et l'union entre les Français*, Levacher, 1797.

Louis Hautecœur, « La prétendue tête de Henri IV à Dinard » (lettre), dans *Le Temps*, 9 octobre 1924.

Intermédiaire des chercheurs et des curieux, année 8, vol. 8 et année 7, vol. 7, 1874.

Jean-Michel Leniaud, *Saint-Denis, de 1760 à nos jours*, Paris, Gallimard-Julliard, coll. « Archives », 1996.

Alexandre Lenoir, « Note historique sur les exhumations faites en 1793 dans l'abbaye de Saint-Denis », *Le Musée des Monuments français* , t. II, Paris, 1801, p. XCIX-CXXIV.

François Macé de Lépinay, « Le martyre et ses reliques », actes du colloque *La Légende de Henri IV*, Société Henri IV, 1994-1995, p. 97-113.

Montmorillon, « Courrier des lecteurs », *Ouest-Éclair,* 9 septembre 1924.

Dr Néphelès, « Quid du crâne du roi Henri IV ? », *L'Intermédiaire des chercheurs et des curieux,* 10 mars 1874, p. 127-128.

Pierre Pigray, *Épitomé des préceptes de médecine et de chirurgie,* Rouen, Jean Berthelin, 1625: 398-400.

Paul Reboux, « Henri IV a perdu la tête à Montmartre », *Vu,* n° 289, 27 septembre 1933, p. 1489-1490.

Marcel Reinhard, « Le masque de Henri IV », *Aesculape,* octobre 1935.

Marcel Reinhard, *La Légende de Henri IV,* Paris, Hachette, après 1935.

F. de Rilly, « Quelques reliques du corps de Henri IV », *Aesculape,* novembre 1934, p. 266-269.

Emmanuel Schwartz, « Alexandre Lenoir », *Dictionnaire critique des historiens de l'art,* INHA, École nationale des Beaux-arts.

Christiane Singer, *Une passion entre ciel et chair,* Albin Michel, 1992.

Société Henri IV, *La Légende d'Henri IV,* actes du colloque, Paris, Palais du Luxembourg, 25 novembre 1994.

Sur l'enquête scientifique

Florence Buttay, « La mort du pape entre Renaissance et Contre-Réforme : les transformations de l'image du souverain pontife et ses implications (fin XVe-fin XVIe siècle) », *Revue historique,* Paris, PUF, 2003/1 ; 625:67-94.

Philippe Charlier, Isabelle Huynh-Charlier, Jérémie Bazart, « La denture d'Henri IV : données récentes », *Actes.* Société française d'histoire de l'art dentaire, 2011, 16, p. 79-81.

Philippe Charlier, *Evolution of embalming methodology in Medieval and modern France (Agnès Sorel, the Duc de Berry, Louis the XIth, Charlotte de Savoie),* Med Secoli, 2006; 18:777-97.

Philippe Charlier, Luisa Lo Gerfo (dir.). *Le Miroir du temps : les momies de Randazzo (Sicile, XVIIe-XIXe s.),* Paris, De Boccard, 2011.

Gino Fornaciari, « Was it Henri IV's head? », *BMJ* 2011; 342:d293.

Gino Fornaciari, Giuffra, V., Giusiani, S., Fornaciari, A., Marchesini, M. & Vitiello, A. *Autopsy and embalming of the Medici, Grand Dukes of Florence (16th-18th centuries), in*: Peña, P.A., Martin, C.R., Rodriguez, A.R. (eds.), *Mummies and Science. World Mummies Research. Proceedings of the VI World Congress on Mummy Studies (Lanzarote 19-24 February 2007)*, Academia Canaria de la Historia, Santa Cruz de Tenerife, 2008, p. 325-331

P.T. Jayaprakash, G.J. Srinivasan, M.G. Amravaneswaran, « Cranio-facial morphoanalysis: a new method for enhancing reliability while identifying skulls by photo superimposition », *Forensic Sci Int*, 2001;117:121-43.

Donatella Lippi, *Illacrimate sepolture. Curiosità e ricerca scientifica nella storia delle riesumazioni dei Medici*, Florence (Italie), Firenze University Press, 2006.

Donatella Lippi, « About craniotomy. Rapid response to Charlier, et al., Multidisciplinary medical identification of a French king's head (Henri IV) », *BMJ* online, 15/02/2011.

Silvia Marinozzi et Gino Fornaciari, *Le mummie e l'arte medica nell'evo moderno*, Medicina nei Secoli, Supplemento n° 1, Roma, Casa editrice Università La Sapienza, 2005.

E.A. Popenoe, M.A. Schmaeler, « Interaction of human DNA polymerase b with ions of copper, lead and cadmium », *Arch Biochemistry Biophysics*, 1979;196:109-20.

Franco Rollo, « Positively identified? rapid response to Charlier et al., Multidisciplinary medical identification of a French king's head (Henri IV) », *BMJ* online, 22/12/2010.

Jean-Noël Vignal, *Les Reconstitutions faciales assistées par ordinateur*, Paris, ARTCOM'éd., 1999.

Jacqueline Vons (dir.), *Pratique et pensée médicales à la Renaissance*, 51e colloque international d'études humanistes, juillet 2077, Paris, De Boccard Édition-Diffusion, 2009.

Sur la reconstitution faciale

Rebecca E. Brown, Thimothy P. Kelliher, Peter H. Tu, Wesley D. Turner, Machael A. Taister, Kevin W. P. Miller, *A Survey of Tissue-Depth Landmarks for Facial Approximation*, FBI, *Forensic Science Communications*, January 2004, vol. 6, N. 1.

Raymond Gola, *Analyse céphalométrique fonctionnelle et esthétique de profil*, Paris, Springer-Verlag France, 2006.

Albert Isidro, Assumpció Malgosa, *Paleopatología, la enfermedad no escrita*, Barcelona, Masson, 2003.

Kolja Kähler, Jörg Haber, Hans-Peter Seidel, *Reanimating the Dead: Reconstruction of Expressive Faces from Skull Data*, ACM Transactions on Graphics SIGGRAPH Conference Proceedings, 2003, vol. 22, issue 3, July 2003, p. 554-561.

John Prag, Richard Neave, *Making Faces. Using Forensic and Archaeological Evidence*, College Station: Texas A&M University Press, 1997.

Christopher Rynn, Caroline Wilkinson, Heather L.Peters, *Prediction of Nasal Morphology from the Skull*, Humana Press, *Forensic Sci Med Pathol* (2009) 6 :20-34.

Caroline Wilkinson, *Forensic Facial Reconstruction*, Cambridge, Cambridge University Press, 2004.

Table des matières

Crédits iconographiques

P. 0, © Philippe Froesch, Visualforensic.

P. I, © P.Belet/S.Gabet/Galaxie Presse. P. II, © RMN-Grand Palais (Château de Pau)/René-Gabriel Ojéda. P. III, a. et b. © RMN-Grand Palais (Château de Pau)/ René-Gabriel Ojéda. P. IV, a. ©Bibliothèque municipale d'Orléans, BMO17G11 ; b. © Michel Tournazet/Musée Carnavalet/Roger-Viollet ; c. © Ph. Charlier ; d. © BNF. P. V, a. © RMN-Grand Palais/Agence Bulloz ; b. © RMN-Grand Palais (Château de Pau)/René Gabriel Ojéda ; c. © Château de Versailles, Dist. RMN-Grand-Palais/image Château de Versailles. P. VI, a. © RMN-Grand Palais (Musée du Louvre)/Thierry Le Mage ; b. © RMN-Grand Palais (Musée du Louvre)/DR. P. VII, © P.Belet/S.Gabet/Galaxie Presse. P. VIII, a. © P.Belet/S.Gabet/Galaxie Presse ; b. © RMN-Grand Palais (Musée du Louvre)/Thierry Le Mage. P. IX, a. et b. © Albert Harlingue/Roger-Viollet ; c. © P.Belet/S.Gabet/Galaxie Presse. P. X, a. © RMN-Grand Palais (Château de Versailles)/DR ; b. © Michel Urtabo/ RMN-Grand Palais (Domaine de Chantilly) ; c. et d. © Ph. Charlier ; e. © P. Belet/S.Gabet/Galaxie Presse. P. XI, a. et b. © P.Belet/S.Gabet/Galaxie Presse ; c. © Ph.Charlier. P. XII, a. © P.Belet/S.Gabet/Galaxie Presse ; b. et c. © Ph. Charlier. P. XIII, a., b., c. et d. © Ph.Charlier. P. XIV, a. © Bianchetti/Leemage ; b. © Davide Pettener/DR. P. XV et XVI, © Philippe Froesch, Visualforensic.

IMPRIM'VERT

Certifié PEFC
Ce produit est issu de forêts gérées durablement et de sources contrôlées.
PEFC 10-31-2568
pefc-france.org

Achevé d'imprimer en janvier 2013 par EMD S.A.S. (France)
N° éditeur : 2013/0797 - Dépôt légal : février 2013 - N° d'imprimeur : 27774